客户体验至上

体验驱动的企业数字化转型

[挪威] Simon David Clatworthy 著

朱轩彤 岳蕾 谢越韬 陈楚君 译

Beijing · Boston · Farnham · Sebastopol · Tokyo

O'Reilly Media, Inc. 授权机械工业出版社出版

机械工业出版社

图书在版编目（CIP）数据

客户体验至上：体验驱动的企业数字化转型 /（挪威）西蒙·大卫·克兰特沃斯著；朱轩彤等译. --北京：机械工业出版社，2021.12

书名原文：The Experience-Centric Organization: How to Win Through Customer Experience

ISBN 978-7-111-69653-7

I. ①客… II. ①西… ②朱… III. ①数字技术–应用–企业管理 IV. ①F272.7

中国版本图书馆CIP数据核字（2021）第247746号

北京市版权局著作权合同登记

图字：01-2019-6091号

封底无防伪标均为盗版

本书法律顾问

北京大成律师事务所　韩光/邹晓东

书　　名/	客户体验至上：体验驱动的企业数字化转型
书　　号/	ISBN 978-7-111-69653-7
责任编辑/	张秀华
封面设计/	Graham John Mansfield，张健
出版发行/	机械工业出版社
地　　址/	北京市西城区百万庄大街22号（邮政编码100037）
印　　刷/	北京诚信伟业印刷有限公司
开　　本/	147毫米×210毫米　32开本　7.5印张
版　　次/	2022年1月第1版　2022年1月第1次印刷
定　　价/	79.00元（册）

客服电话：(010) 88361066　88379833　68326294

华章网站：www.hzbook.com

投稿热线：(010) 88379604

读者信箱：hzjsj@hzbook.com

O'Reilly Media, Inc.介绍

O'Reilly以"分享创新知识，改变世界"为己任。40多年来我们一直向企业、个人提供成功所必需之技能及思想，激励他们创新并做得更好。

O'Reilly业务的核心是独特的专家及创新者网络，众多专家及创新者通过我们分享知识。我们的在线学习（Online Learning）平台提供独家的直播培训、图书及视频，使客户更容易获取业务成功所需的专业知识。几十年来O'Reilly图书一直被视为学习开创未来之技术的权威资料。我们每年举办的诸多会议是活跃的技术聚会场所，来自各领域的专业人士在此建立联系，讨论最佳实践并发现可能影响技术行业未来的新趋势。

我们的客户渴望做出推动世界前进的创新之举，我们希望能助他们一臂之力。

业界评论

"O'Reilly Radar博客有口皆碑。"

　　　　—— *Wired*

"O'Reilly凭借一系列非凡想法（真希望当初我也想到了）建立了数百万美元的业务。"

　　　　—— *Business 2.0*

"O'Reilly Conference是聚集关键思想领袖的绝对典范。"

　　　　—— *CRN*

"一本O'Reilly的书就代表一个有用、有前途、需要学习的主题。"

　　　　—— *Irish Times*

"Tim是位特立独行的商人，他不光放眼于最长远、最广阔的领域，并且切实地按照Yogi Berra的建议——如果你在路上遇到岔路口，那就走小路——去做了。回顾过去，Tim似乎每一次都选择了小路，而且有几次都是一闪即逝的机会，尽管大路也不错。"

　　　　—— *Linux Journal*

本书赞誉

企业已经了解了客户体验的重要性，但是仍然难以组织并提供出色的体验。终于有一本书填补了这个空白。这本书不仅建立在丰富的经验之上，还包含许多示例。强烈推荐！

——马克·斯迪克多恩（MARC STICKDORN）
This is Service Design Thinking 和 *This is Service Design Doing* 的
合著者和编辑

基于产品的公司需要拥抱体验的世界，并围绕产品开发具有丰富体验的服务。这本书展示了如何进行这种转型，并为企业如何发展和在客户体验方面保持优势提供了明确的建议。

——杰西·奥尔森（JESSE OLSON）
阿迪达斯消费者战略总监

对于那些希望在下一个十年取得成功的企业，客户的痴迷和提供出色的体验是成为赢家的关键。为了能够处于领先地位，公司需要同时支持客户体验和员工体验。对于许多公司来说，这是一项战略挑战，需要重新考虑组织模型和结构。本书是启动该过程的一个良好参考。

——布莱恩·惠普尔（BRIAN WHIPPLE）
埃森哲互动营销首席执行官

目录

第三部分 更进一步

前言

适合阅读本书的人群

本书希望面向这样的目标读者：充分理解客户体验的重要性，并且准备进一步提升客户体验的人。本书提供了一个框架来帮助组织打造适当的架构，以提供理想的体验。此外，你还可以从书中了解在分步骤建立以体验为中心的架构的过程中你可以发挥的作用，以引导你确定下一步的行动方案。

撰写本书的原因

30 多年来，我一直专注于提供让人印象深刻的客户体验，并逐渐意识到这需要组织层面的认识，无法通过仅要求单一项目调整达成。然而，作为一个阅读兴趣广泛的读者，我越发感到沮丧，因为很多书都会讲到客户体验的重要性，但是只有很少一部分会帮助你设计卓越体验。不仅如此，它们也不会提及该如何改变组织以传达你想要传达的优秀体验。和领导层团队的合作让我发现他们会一再发问："我们知道这很重要，但是要怎么做呢？公司要设计成什么样子才能准确创造卓越体验？"原因就是这么简单，既然找不到现成的教材，我决定自己来写。

我喜欢连点成线，发现身边所有事物之间的关联、规律以及轨迹。至今我已目睹了一波波的技术浪潮以及组织范式来了又去，这不禁让我想起一个根本性的问题：

> 多年来大家都知道客户体验非常重要，但是客户体验之后是什么？

这个问题困扰了我很长时间，而答案当然是更多更好的体验！但是，我意识到提供更多更好的体验需要组织层面的能力。最终我意识到，客户体验不是又一波会消落的浪潮，而是一道带着终点指向的轨迹。组织之间互相竞争，提供更卓越的客户体验，到最后的终点是组织把提供客户体验作为它们"存在的理由"。也就是说，组织转变为以体验为中心的组织。忽然之间，无数点进入我的视野，让我意识到我们处在变革边缘，需要改变我们看待客户体验的方式。这会给未来十年的商业发展带来巨大影响，我希望作为其中一位读者，你能够看到这个变革与你的组织之间的相关性。我非常坚定地相信，观念的转变对于未来服务的发展是非常相关、非常重要的。我衷心希望你会觉得本书对你有所帮助，能够助你在今时今日竞争激烈的客户体验中找到自己的位置。

本书的结构

本书分为三部分，讲述为什么要建立以体验为中心的组织以及如何建立。

第一部分主要关注领导层，展示以体验为中心的组织案例，实现以体验为中心的组织变革，以及需要什么样的组织特质才能实现以体验为中心。

第二部分主要关注如何实现以体验为中心的组织，将深入讲述何为客户体验，以及如何为之做设计。

第三部分描述了全新的、进化中的竞争领域以及成为以体验为中心的组织之后应提升的能力。

各个部分都将帮助你了解你的组织在以体验为中心的成熟度标尺上所处的位置，以及怎样做才能打造以体验为中心的组织。

第一部分　是什么和为什么

第 1 章：一个总结全书的介绍性章节。我首先会解释为什么客户体验是目前主要的竞争领域，这种竞争在未来十年中会如何加剧和进化。接着会介绍以体验为中心的组织是竞争轨迹的终点，并解释对于组织来说这意味着什么。

第2章：展示五步实现转变的模型，概述组织应该走什么样的路径实现以体验为中心的转变。你可以通过阅读本章内容确定组织所在的位置，并思考转变的路线图。

第3章：描述以体验为中心的组织架构，标识出组织中的核心组成部分，以及各个部分会如何支撑设计和传达让人记忆深刻的客户体验。理解这个架构以及各部分之间如何紧密协作，是成为以体验为中心的组织的关键。

第4章：介绍当一个组织转变为以体验为中心的组织之后，会有什么样的表现。该章会描述以体验为中心的组织的核心行为。你可以对照自己的组织，辨认哪些行为已经有所表现，哪些还需要提升。

第5章：卓越的体验由组织整体提供，每个人都有自己的角色。该章主要描述应该如何构建组织，以及如何发展一套围绕卓越体验的逻辑。

第二部分　怎么做

第6章：为了提供卓越的体验，你需要知道什么是客户体验，以及客户是如何体验产品的。该章会收录近期神经心理学领域关于如何感知周围环境以及什么是卓越客户体验的研究成果，同时介绍如何应用这些知识去设计让人印象深刻的客户体验。

第7章：该章介绍体验基因的概念，描述它是如何从品牌基因中脱胎而来的。你可以了解如何确认组织的体验基因，以及如何把这种基因当作平台去发展相关的、更让人心动的产品，提供更卓越的客户体验。

第8章：关于客户体验的核心的一点是，价值在使用中呈现。在产品或者服务被使用前，客户仅带有一种预期，而你也只是做出了承诺。令人满意的体验预期是非常重要的。该章主要描述体验是如何在与客户的协作中通过体验历程中接触点的交互来达成的。最后介绍如何成为体验实现的专家。

第三部分　更进一步

第 9 章：带领你进入更深入的领域，让你学习以体验为中心的"黑带"本领，理解客户赋予体验的深刻含义。该章会详细描述如何直觉地理解体验，还会讲述群体性的体验比个人定制化的体验更加让人印象深刻，对我们的意义也更为深刻。

第 10 章：客户关系取决于双方，当客户和你及你的服务产生关联时，他们会将与你的组织相关的个性和行为特点延伸至更广阔的文化中。该章引入趋势转化的概念，这是一种帮助你主动将文化趋势引入体验中的方法。

补充说明

在阅读的过程中，你会看到带不同符号的文字。这些符号表示与章节内容相关的不同类型的细节补充，可以细读，也可以跳过。

学术补充

看到这个符号时，不妨花半小时阅读相关领域的学术研究。

相关的有趣细节

这个符号表示内容稍稍离题，假如你没有足够的时间，可以跳过这些细节。但是我希望你可以阅读它们，因为它们和文中的许多要点是相关联的。

工具和方法

这个符号表示可以借助特定的工具和方法去拓宽实验性的想法。

真实案例

这些部分展示了真实世界中使用不同方法来实现以体验为中心的案例。

采访

这些部分展示了关键人物的访谈，以及他们在体验设计过程中的深刻见解。

O'Reilly 在线学习平台（O'Reilly Online Learning）

O'REILLY®　近 40 年来，O'Reilly Media 致力于提供技术和商业培训、知识和卓越见解，来帮助众多公司取得成功。

我们拥有独一无二的专家和创新者组成的庞大网络，他们通过图书、文章、会议和我们的在线学习平台分享他们的知识和经验。O'Reilly 的在线学习平台允许你按需访问现场培训课程、深入的学习路径、交互式编程环境，以及 O'Reilly 和 200 多家其他出版商提供的大量教材和视频资源。有关的更多信息，请访问 *http://oreilly.com*。

如何联系我们

对于本书，如果有任何意见或疑问，请按照以下地址联系本书出版商。

美国：

　　O'Reilly Media，Inc.

　　1005 Gravenstein Highway North

　　Sebastopol，CA 95472

中国：

　　北京市西城区西直门南大街 2 号成铭大厦 C 座 807 室（100035）

　　奥莱利技术咨询（北京）有限公司

本书配套网站 *https://oreil.ly/experience-centric* 上列出了勘误表、示例以及其他信息。如需获得其他相关文档，请访问 *http://www.experience-centric.com*。

若对本书有任何建议或技术问题，请发送电子邮件至 *bookquestions@oreilly.com*。

如需获取更多有关 O'Reilly 的书籍、会议、资源中心及 O'Reilly 网络的信息，请访问 *http://www.oreilly.com*。

脸书：*http://facebook.com/oreilly*。

推特：*http://twitter.com/oreillymedia*。

YouTube：*http://www.youtube.com/oreillymedia*。

致谢

这本书能够完成，得益于我在过去数年中与很多优秀的组织和人物的协作。首先，要郑重感谢茱蒂丝·格洛朋（Judith Gloppen）以及贝瑞特·林奎斯特（Berit Lindquister），数年前当我提出"以体验为中心的组织"这个概念时，感谢他们支持我深入钻研这个主题，并与我一起探索。其次，感谢泰德·马修斯（Ted Matthews）以及克莱尔·丹宁顿（Claire Dennington），他们不仅分别完成了本书中的两个章节，同时也是 AHO 的研发部门成员，致力于设计以及具有丰富体验的服务。我还要感谢挪威研究理事会（Norwegian Research Council），尤其是丽兹·桑德（Lise Sund），她深刻理解了设计在服务创新中的作用，并资助了服务创新中心（Centre for Service Innovation，CSI），该中心促成了这本书的诞生。最后，感谢 AHO 的设计中心（Institute for Design，IDE）。

感谢本书审稿人斟字酌句地修改，让观点更加清晰。我希望可以报答他们的努力。感谢 O'Reilly 出版社的工作人员，他们的大力支持让这本书得以出版，感谢他们的帮助和耐心。我还要向格雷厄姆（Graham）致敬，他完成了本书的排版和插图，还要经常忍受我一再在最后时刻进行修改。

最后，向我的家人致谢。感谢夏洛特（Charlotte），她鼓励了我，同时还充当住家编辑；感谢我的四个孩子，在我滔滔不绝地讲这本书的时候，他们耐心倾听，报以微笑。他们都太棒了，我答应他们从现在开始我就闭嘴不提这本书了。

第一部分

是什么和为什么

第 1 章

以体验为中心的组织

本章主要介绍当前客户体验已经成为市场的关键推动力，并且在接下来的十年中会继续是兵家必争之地。本章会讲述在意义将成为新货币的市场中，组织在客户体验上竞争意味着什么，还将介绍为什么塑造以体验为中心的组织将是每个组织都无法避免的路径。

1.1 什么是以体验为中心的组织以及它为什么如此重要

目前组织正在经历巨大变革——把客户体验作为组织的核心。这种变革的目标是建立以体验为中心、完全围绕传递卓越体验运作的组织。所有的组织都在向着以体验为中心的轨道靠近，这必将成为接下来十年中组织的决定性特性。本书介绍了以体验为中心的组织的特点、核心行为，列举了要采取哪些关键步骤才能把组织提升到终极层面的客户体验上。

当前市场是受客户体验驱动的。世界上第一家万亿美元级别的公司尊重客户体验，专家将客户体验形容为企业的头等要务，认知神经科学的研究正在证明它的重要性，你的竞争对手也正在尝试各种努力。客户体验现在已经成为主要的竞争优势来源，你无法忽视这个事实。

假如不把客户体验放在首位，你就无法从这场竞争中脱颖而出。再加上标准不断提高，意味着这将成为你的公司最核心的使命。是时候把客户体验置于组织核心要务，并致力于成为以体验为中心的组织了。以体验为中心并不意味着要抛弃之前做过的所有事情，而是要改变看问题的优先级——客户会如何体验产品或者服务。

本书将帮助你理解为什么要拥抱客户体验，什么是以体验为中心，以及如何实现以体验为中心。如果你正在阅读本书，证明你有兴趣为实现这一目标而努力。这本书描述了如何通过提供优秀的体验来从竞争中脱颖而出，并为你绘制了一份在未来不断优化你的组织的长期路线图。所有这些知识会赋予你一份独特的竞争优势，你的竞争对手将望尘莫及。

以体验为中心的组织基于当前的一股潮流：客户体验在客户决策中发挥关键作用，也是商业中的核心竞争板块。面对各种各样的产品，无论是打折机票还是奢侈假日游，客户都会从体验层面进行一些考量。一切皆体验，只要有竞争，那就一定是客户感知中那些体验更好的服务获胜。作为一家企业，你需要回应这种潮流，把客户体验作为第一要务，开启以体验为中心的旅程。

这些观点并不新颖，你肯定会像我一样提出这样的问题："为什么我们还没有解决客户体验的问题，进入下一个阶段？"理由说起来简单，但是做起来难：体验被视作产品或者服务的特性，而不是企业应该为之努力的事情。我们对待客户体验还不够认真严肃，以为只要在产品开发的最后加上去就好了，而不是从一开始就关注这个问题。现在开始要做的事情就是转变思路，不再只把客户体验当作一种功能来做，而是让它成为企业的核心使命。

1.2 为什么客户体验至上

在充满竞争的世界中，客户根据他们的使用体验对服务进行选择。

近期的数据表明：

- 因为服务糟糕，53% 的消费者会放弃已经计划好的购买或者交易 [1]。
- 假如购买流程太麻烦，74% 的消费者非常有可能转而选择其他品牌 [2]。
- 49% 的消费者表示目前的企业提供了良好的客户体验 [3]。

- 在美国，消费者假如遭遇了糟糕的服务，会向大约 15 人讲述该经历 [4]。
- 在美国，每年由糟糕的客户体验造成的损失总计 620 亿美元 [5]。

这些数据受到了公司首席执行官们的关注，他们开始考虑客户体验的生命周期价值。大卫·瑞布斯坦（David Reibstein）是沃顿商学院的市场营销学教授，他把客户体验转换成冷冰冰的金钱价值。对星巴克感到满意的客户和不满意的客户之间的终身价值相差约每人 2800 美元。一位满意的宝马（BMW）客户的终生价值预估为 143 500 美元。[6]

过去 20 年我们似乎患上了集体健忘症，因为我们似乎都忘记了在产品或服务的设计中考虑客户的感受。如何商品化、科技化成为工作的首位，而客户体验则被忽略了。企业关心数字化、科技平台、价值链以及呼叫中心的成本，导致企业忽视了消费者。Demos（一个英国政府的智库）将这种现状形容为"服务与人之间的根本性割裂"，并提出社会的变化速度远远快于服务组织的变化速度。这个观点的意思是，顾客已经学会了拥抱产品的品牌、奢侈品、符号化的价值以及设计，但是企业的服务却并没有跟上。近来有很多公司把客户体验提上议程，但正如我之前所说，主要作为产品或者服务的一个功能点来考虑，是"附加"于设计过程中的，而不是驱动设计进程。现在是时候追上社会变化的脚步，把企业的关注点放在客户以及客户体验上了。

> **"天啊，我们忽视了客户整整十年！"**
>
> *——这是一家全国性的博彩公司总裁所说的话，他意识到他们把大量的投资放到科技平台，意味着不再考虑其客户*

RightNow 科技公司的调研 [7] 显示，85% 参与调研的回复者说他们经历过一些非常糟糕的客户体验，让他们生气地大叫、咒骂、摔东西、感到头疼，感到胸腔收紧，甚至大哭。只有 3% 的回复者说他们在和企业的接触过程中从来没有经历过任何负面的体验。

为什么客户体验如此乏善可陈？这是因为企业不是以客户体验为导向的，负责客户体验的职能分散，跨越不同的部门，缺乏聚焦客户体验的关键绩效指标（Key Performance Indicator，KPI）。你可以试着写一下在你的企业中谁负责客户体验，就会发现这些职能分散在很多不同人身上，跨越了公司的不同部门。试想一下，在你的公司中，是否有在管理层会议中或是咖啡机旁讨论客户体验的文化？你听过你的客户讲述他们的体验吗？对于这些问题，大部分人的回答可能都是"已经列入议程了，但是不是讨论的核心主题"。一个关于服务的新型思维方式已经出现，客户体验将作为服务型企业的主要创新驱动力。研究 [8] 表明，95% 的高级商业领袖相信下一轮竞争的主要差异在于客户体验，2018 年 *Wall Street Journal* 有一篇报道 [9] 中提到："客户体验是数字时代的主要竞争区分点（Key Competitive Differentiator）。"

我们很快就会看到以体验为中心的企业在不同的商业领域大批涌现。这些企业会通过数字化、技术平台、价值生态以及商业模型去实现客户所接受的卓越体验；它们能够策划不同的产品组合，和客户一起创造让人记忆深刻的体验。现在是时候开始加入接纳客户体验的竞争中，把它作为企业的核心目标了。

1.3 无法忽视的发展路径

本书得益于我多年来在客户体验领域工作的成果积累，我从中总结出了一条符合逻辑的道路，接下来会详细探讨。当主要的市场竞争区分点是客户体验时，创造更加卓越的体验会在企业事务中占据越来越高的优先级。长此以往，随着围绕客户体验的竞争加剧，企业会更加专注于此，不可避免地将其作为企业的主要使命。企业的愿景也会重新聚焦，把公司和客户的目标紧紧结合在一起。当这一现象出现时，也就意味着企业以体验为中心（experience-centric）了。

"拥抱以体验为中心"的理念将帮助企业找到一个异常清晰的目标，帮助企业内部分散的部门理解这一路径以及各自需要发挥的作用。同时，简化了组织架构，围绕一个简单的概念把全公司动员起来——非常容易理解，但需要勃勃雄心以及足够的能力去落实。

1.4 漫漫长路，必有终点

我们在许多交织的路径上走向以体验为中心的企业。一方面，高度竞争意味着客户可以自行选择服务提供方，由此选择他们更喜欢的体验，于是市场的差异化就从一种优质的客户体验中产生了。另一方面，企业在提升客户体验上投入更多，形成一种竞赛去发展差异化的客户体验。

第二条平行的路径与品牌塑造相关。多年来，企业品牌建立在不同的企业得到重视，企业努力结合内部和外部的品牌以创造一致的品牌感知。品牌塑造从"承诺"好的客户体验过渡到"实现"好的客户体验。品牌的重心转移到客户和服务或产品的互动，以及如何实现公司所承诺的体验中。这种新的重心不仅要了解不同的组织架构，而且要了解每次客户接受服务时的交互情况。这意味着要求企业围绕想要为客户实现的体验来运作。

第三条体验路径是体验经济本身，这条路径日益加深。我们已经进入一个体验成为我们生活核心的年代。我们不是理性的经济动物，我们珍惜体验，并且不断追求体验。索伦·克尔凯郭尔（Soren Kierkegaard）一针见血地指出，生活不是一个待解的难题，而是一种要去体验的现实。目前看来，我们作为一个社会整体，已经到了一个充分拥抱体验，并希望在所有事情上感受到这些体验的阶段。

关于为什么体验经济不断扩展和深化，还有经济和市场方面的解释。我们比过往年代的人有了更多可以支配的收入。以前，一个家庭购买一件耐用品（比如洗衣机或者洗碗机）是件了不起的事情。对于这些家具家电，我们现在已经习以为常了，因此会期待更多。我们睁大双眼去发现体验，与此同时，好的体验也唾手可及。现在，竞争是通过客户体验来衡量的。

洗衣机为全家带来欢乐

这个故事不仅告诉我们 20 世纪 70 年代英国乡村的基本娱乐方式，还描述了哪些东西让人向往。在我小的时候，我家里买不起全自动洗衣机。我的妈妈要全职工作，还要用一部老旧的二手手动洗衣机，用手摇滚轮的方式把水从衣服里挤出去。她要花一整天洗衣服，同时还要兼顾她忙碌的工作。

1970 年，我们买了一台全自动洗衣机——当时最热门的全自动！我们都对这一技术奇迹非常惊奇，因为据说它能够自动撒洗衣粉、洗衣、冲洗以及甩干衣服，完全不需要我们在旁边做任何事情。我们都异常兴奋，全家人搬着椅子坐到洗衣机前，看完整个洗衣流程——整整 90 分钟！我们非常敬畏它能够自己完成所有的工作。

当然，在那个时候黑白电视只有两个频道，而且又是在冬季的乡村，没有什么娱乐方式，但现在回头看，还是觉得挺疯狂的。我们可以从这个故事中学到一些东西：当时的洗衣机提供的体验是全新的、令人惊诧的，也充满娱乐性。它来源于当时的最新科技，而且自那以后许多年，科技的革新都是购买产品的主要理由。现在，我们都默认科技不再是问题，于是便开始找寻使用产品过程中的体验，而不再聚焦于技术本身。不同于我的童年经历，我们现在经历的是过量的体验，如Instagram、Facebook、短信、上百个电视频道、YouTube 视频网站、电影、咖啡厅等。更多的家庭现在有了更高的生活水平，默认会购置一台洗衣机（以及一台洗碗机），所以人们不再觉得新鲜。如今的经济已延伸至其他体验上，比如假期、服务、社交等。科技已经实现了它的作用，并且不断向前发展，这把我们解放出来去寻找生活中其他重要的事情：有意义的体验。

最后，科技进步意味着当代所有产品以及服务功能都达标了。30 年前我们还无法实现这些，只能根据性能表现以及可靠性来选择产品。我们不再需要花功夫筛选产品的性能：买一台洗碗机，就能帮我们洗碗；买了牙刷，就能用于清洁牙齿。这让我们从中解放出来，去关注这些产品让我们产生了什么样的体验，而不是它能做什么。

所有这些发展创造了一种新的社会范式，其中客户体验成为我们选择的主要动力，进而成为市场竞争差异化的关键因素。这不仅适用于奢侈品消费，也适用于每一位消费者的每一次决定。我们评估购买的产品带来的体验，从而对产品进行判断。正如第 2 章中将提到的观点，我们的大脑每时每刻都在预测和评估我们的体验——这是我们现在才意识到的事实。 购买廉价机票是对体验和成本进行权衡之后做出的妥协，我们会基于感知到的体验做出决定，包括客户历程中的方方面面：预订机票、办理登机手续、旅行、旅程结束。这并不意味着成本不再重要，而是我们更倾向于用体验衡量成本，从体验上评价一件商品的提供及交付情况。即使选择低价产品或服务，也是基于体验上的成本效益判断。这一判断有助于我们做出决策：我们根据预期以及过往的体验，再加上其他人对价格的看法，比较不同产品之间的价值。

1.5 为什么隔了这么久

正如派因（Pine）和吉尔摩（Gilmore）在 1999 年出版的书中所描述的那样，我们的社会已经进入了体验经济。这一经济形态追求让人渴望的客户体验。*The Experience Economy*（哈佛商学院出版社）对我来说是一本开创性的书。它确定了体验经济的其中一个核心原则——人类是由体验而不是功能驱动的。以星巴克为例，尽管人们花几分钱就能做出不错的咖啡，但他们还是愿意去连锁咖啡店花上几美元。为什么理性经济人会选择多花十倍的钱去购买这样的产品？现在，在充分了解咖啡体验之后，我们明白了星巴克不再只是一家咖啡供应商，而是一家提供体验的企业。

距离 *The Experience Economy* 出版已有 20 余年，理性经济人已经逐渐退隐（参见本书第 6 章），甚至经济学家现在也能理解人类行为、情感以及感受是我们作为人的核心。这看似显而易见，但是前路遥遥，20 年前就已昭示的历程，至今仍未到达其目的地。

作为芬兰设计顾问公司峡湾公司（Fjord）的首席执行官，奥勒夫·谢柏格森（Olof Schybergson）非常了解科技变迁。峡湾公司是埃森哲互动科技的一部分，目前在全球 27 个办公室有数千名设计师。这让它们成为全球最大的设计和创新咨询公司。他坚定地相信设计是一种战略资源，将在整个产业的变革中发挥作用。

我百分之百同意这本书中所描述的变迁路径。从根本上来说，体验是世界上最成功的公司唯一最突出的特点。像"强迫症"一样关注客户，站在人的视角，并成功传递卓越体验，是世界上那些成功的公司最重要的一条红线。在峡湾公司，我们简化了客户体验这个词，只说体验，也包括员工的体验。明日的商业社会是由传递卓越体验来构建的，无论是为客户还是为员工。

我很喜欢"以体验为中心的组织"这个概念，当人们提到"聚焦消费者"时，意味着消费者是你的选民，他们的目的是进行消费和购买。体验可以适用于所有人，包括员工、消费者、病人、公民，囊括所有领域。它从客户体验出发，然后发展到直接面对客户的雇员，并逐步在整个企业中进行扩张。

在峡湾公司，我们目睹了工作上的转变，越来越多来自客户的需求是关注客户以及雇员的体验，或者只关注雇员的体验。这是一种人才竞争的趋势。你要为员工提供坚定的价值主张，以及好的工作体验。当项目的焦点放在更高层级的客户体验上时，公司意识到它们还要改善自己员工的体验，对于面向客户的公司来说尤其如此，所以实现雇员满意非常重要。这对公司提出了挑战，以通过竞争获得更好的人才。

问：你觉得公司做好准备应对这种转变了吗？

答：公司完全没有做好准备。大部分大型企业是在工业模型下构建的，分为多个事业部，有关键绩效指标，企业的目标是尽力在这个框架下进行优化。为了在所有与客户有接触的点提供卓越的客户体验，企业需要围绕客户转变核心，与其讨论把市场营销和销售分成不同的事业部，不如多关注每个与客户有关的体验时刻。

大部分企业并不是围绕体验建立或组织的，而且没有做好变革的准备，或是结构上无法整合所有事业部进行变革。体验需要成为一种战略，并用于重新指导企业的思考方式。那些无法面对围绕体验的需求进行改变的企业将会消失，并很快被取代。这将是一场生存游戏。当我们和斯普林特（Sprint）公司合作的时候，公司首席执行官马塞洛·克劳尔（Marcelo Claure）说，"我从来没有想过我的企业会是这样的！我把企业想成 12 个不同的营销渠道，现在我的想法改变了。要提供最好的体验，我们要以人为中心，在各个渠道都要围绕关键的体验时刻开展工作，这才是真正改变企业的地方。"

> "那些无法面对围绕体验的需求进行改变的企业将会消失，并很快被取代。这将是一场生存游戏。"

问：什么是企业的体验基因？

答：体验基因（experiential DNA）是由品牌基因进化而来的。品牌由一系列体验组成，而一系列体验构成了品牌。假如体验和品牌宣传的不匹配，你直觉上会更相信你的体验，而不是广告。所以市场营销和广告最后都会向体验发展。

很多企业无法说清楚其企业基因是什么，大部分的首席执行官都意识到要解释清楚很困难，于是他们会参考其他以体验为中心的组织。他们知道自己要做同样的事情，但是又不知道要怎么做。

我们要转变思维，不再思考"这里有一堆产品，我们要怎么推向市场"，而是思考"我们的客户是谁？我们要怎么做才能更接近他们的需求，并且为他们提供好的体验？"。这是一场决定性的战斗，会花很长时间。企业会面临短期的危机以及每日的阵地战，这些会影响到更长远、更重要的改变，以致拖延转变的发生。

忠诚的概念也从根本上发生了改变，企业应该问："我怎么做才能对我的客户保持忠诚，而不是让他们忠诚于我？"答案是能可持续地保证每个时刻、每次交互都和客户密切相关，是对他们有意义的，能够基于他们的需求以及期待。

体验经济是生活的中心

2018 年，一位名叫艾丽·亨特（Elle Hunt）的新闻记者[10]决定研究一下，假如她午餐不再吃牛油果三明治、喝拿铁咖啡，是否能够存足够的钱买一套公寓。这件事的起因是，房地产经纪人批评千禧一代宁愿花钱买各种花样的三明治，而不是买公寓。亨特找了一位财务顾问，顾问告诉她，如果她能够改变自己的生活方式，在一段时间内省吃俭用，就能慢慢存钱。试了几个星期后，亨特发现她确实能够存钱，但得出的结论是，对于她个人而言，从各种社交活动、咖啡和牛油果三明治中获得的体验比一个公寓更有价值。也就是说，体验经济或者说"此时和此地的经济"，对她来说比延迟满足后得来的房屋所有权更为重要。体验已成为我们生活的核心组成部分。

1.6 让人渴望的体验的力量

如果我问你，苹果公司上一次推出新款苹果手机是什么时候，大多数人都可以给出一个相当准确的日期，甚至还会告诉我他对下一部手机的期望是什么。如果我问你，惠普公司上次推出新型打印机是什么时候，很少会有人知道。为什么？前者是让人渴望的，后者则不然。渴望变成了一种货币，改变了常规的营销方式。

假如你能够提供让人渴望的体验，就不用通过补贴客户来让他们使用你的服务，客户会自动找上门。他们转变的理由是他们想要。你不用贿赂他们，也不用刺激他们来到你面前。人们会自然而然地被你的服务吸引，因为这是他们想要的东西，而不是一个区别于竞争对手，但又没有超越竞争对手的解决方案。提供持续的、令人难忘的客户体验的能力，是企业值得拥有的最重要的战略资产。

客户通过体验寻找情感共鸣，但是有些情感是他们无法解释的，他们只能在拥有这些情感时去体会和确认。这是以体验为中心的

> "在他们看到的那一刻，就会产生一些也许无法定义的感受，但他们清楚这是他们内心和灵魂能够认同的，是他们想要成为一部分的东西。"
>
> ——CNET[15]

解决方案的核心组成部分：传递"内心和灵魂能够认可的"，能和客户本身产生共鸣的服务。引用星巴克首席执行官霍华德·舒尔茨（Howard Schultz）[11]说的一句话："我们不是填饱肚子的公司，而是充实灵魂的公司。"

假如在当今市场中，卓越体验成为核心驱动力，那么提供这样的体验就成了市场中企业的专注点。在这种背景下去理解中网（CNET）媒体公司曾提到的话，企业应该专注于开发和提供激发客户无法定义的感受的服务，让他们在更深层次上认同，并且希望成为这种让人渴望的体验的一部分。这听起来不像你的公司需要提供的东西吗？

即使是低价产品也应该有好的体验

在体验经济中，一切都是关于体验的，即使是低价产品。回到前面的例子，在购买廉价机票时，你会结合预期的体验以及对应的成本做出体验性的判断：我能忍受廉价航空的不舒适和种种麻烦吗？短一点的转机时间是不是更好？改签有多困难？所有这些都是与体验相关的抉择，基于你之前的体验以及你的预期进行整体考量。如前所述，只要有竞争，一定是体验更好的胜出。但是，有些人相信客户体验取决于服务的娱乐性程度，这主要是因为看到迪士尼作为领先的体验提供者，企业想要学习他们的模式。这是一种错误的想法，误导了不少企业。很多情况下，客户在寻找的是功能性的解决方案，企业聚焦功能性的体验就能创造最大价值。在本书后面章节会讲到，"卓越的平凡体验"可以是低价的，但是仍然提供了很好的体验价值。

爱彼迎从公司创立时就聚焦客户体验

从公司创建之初，爱彼迎（Airbnb）作为一家企业就一直专注于客户体验，结果证明这是他们成功的原因。当时还有许多其他短租网站提供住宿服务，但是竞争对手只是把租赁的房子作为一种功能产品，而没有把注意力放到租客的体验上。爱彼迎及其竞争对手都展示了很多的房子，但只有爱彼迎专注于提供住在某个房子里的体验。

对体验的重视始于公司创立之初，并且逐渐成为爱彼迎公司企业基因的一部分。在公司最早成型的时候，创始人把他们自己公寓里多余的床租出去的时候，每个租客可以在床边找到一小堆硬币，用来买地铁票。作为房东的创始人知道，租客拿着大面额的钞票来到陌生的国家，在购买地铁票时没有零钱十分不便。礼物虽小但却很实用，也并不影响收益，还可以给租客带来非常温馨的体验。很明显这是一种善行，传达了爱彼迎时刻把租客的需求记在心上的信息。后面会讲到，客户感知到的善意会对体验产生巨大的影响。在现实中，你能想到多少公司是对客户带着善意的呢？

此后不久，爱彼迎的创始人开始重新整理租赁房间的照片，因为他们希望客人在到达之前就能"体验"到入住时的感受，好照片就能够达成目标。他们明白游客体验的第一站不是入住，而是在出发之前营造一些美好想象，期待一些特别美好的东西，这就是爱彼迎的切入点。

公司的体验价值主张是"体验体验本身"。在当时，这个主张吸引了公众的注意力。相比于其他提供公寓、房子短租或者沙发冲浪的网站，爱彼迎与众不同的地方在于提供的体验。同时，这一主张在客户的每个接触点以及网站平台上得到印证，注册和订房都相当方便。

爱彼迎能够有今天的影响力，是因为公司团队注入了深思熟虑和卓越的设计。该公司最近开始把短租和旅游时的体验结合在一起，开发当地体验导游等项目，可以看到其发展路径更加坚定地往体验方向走。爱彼迎通过把体验注入所做的一切产品之中，稳稳地占据业界领先地位，是一家以体验为中心的公司。

"卓越的平凡体验"（详见第 6 章）是指专注于提供卓越而实用的体验，而不必增加娱乐性。它专注于帮助客户达成目标，即使是功能复杂的解决方案也是易记易用的。实现这一体验的关键是知道要提供的体验到底是什么，而不是徒劳地添加娱乐性。本书后面会介绍，令人难忘的体验并不意味着是娱乐性很强的体验。举个例子，我很讨厌去离家很近的（现在不再离家很近了）邮局取包裹，如果邮局工作人员试图给我表演节目，我想我会打他们。取包裹的体验不需要有趣，也可以是愉快和难忘的，也就是说，这可以是一种卓越的平凡体验。

时鲜（Aarstiderne）公司以体验为中心的尝试

时鲜公司是一家丹麦企业，在生态食品配送和生态转化领域屡获殊荣。它把提供卓越体验作为自己的愿景，带着理想主义的使命和变革动力，成功地提供了很好的体验服务，并把这种愿景渗透到了工作的方方面面。这使它成为第一个盈利的生态食品配送企业，在过去的 5 年里，利润增长了 600%。然而，其转变过程并非一帆风顺，也是历经千辛万苦才实现了想要提供的体验。

时鲜公司一直致力于改变我们吃的食物，让人们的食材能够更多地来自对生态友好的本地农产品。有趣的是，该公司创造了一种体验式的服务，不仅大获成功，还形成了一个有意思的服务生态。该服务由几个较小的服务构成，每个服务与其他服务协同运作，围绕家庭提供服务：一个项目鼓励家长发起家庭聚餐，另一个围绕孩子们开展，培养他们将来为家人烹调食物的意识，第三个项目培养孩子和自然的亲密关系。公司的主要产品是送到顾客家门口的一个生态食品盒。这是时鲜公司的第一个产品，也是公司如今最成功的产品——最开始只提供一套应季蔬菜，现在逐渐发展到为一家人提供一起参与烹煮的一整套食材和配料。这改变了公司的角色，从采购和销售高质量的农产品，转变到为家庭提供卓越的体验。其核心理念是把高品质农产品和家庭合作结合起来，让每个家人都可以参与准备饭桌上的食物。

谈到与孩子相关的项目，早在 2003 年，时鲜公司将丹麦埃尔西诺（Elsinore）附近一个原始农场的一部分拆分成小块土地，让学校每年翻新土壤，播下种子，施肥浇水，采摘蔬菜。时鲜公司通过组织务农活动，发展出一条清晰的、引人注目的路径，其高光时刻是最终的丰收节。小孩子会给烤比萨的炉子生火，在户外建立一个个小厨房，准备要烤制的蔬菜口味的比萨（以及其他东西），最后一起享用食物。这些食物都取材于他们自己种的农作物。这不仅帮助他们了解食物来自何处，而且还强调了自种食材的质量，展示了一个季节的起伏变化，并为他们提供了准备、烹饪和吃自己种的蔬菜的奇妙体验，统统都浓缩在一个欢庆的节日气氛里。还有什么能够形成更好的体验闭环呢？

来源：时鲜公司和从花园到胃项目（Have til Mave）

体验还没有结束，时鲜公司在最后还提供一个小彩蛋。每个孩子都会收到一本食谱，上面写着他们制作过的食物的制作方法。每本食谱里都放着一封预先已经写好的信，孩子们要签了名然后交给他们的父母，表示他们愿意更经常地在家里帮忙下厨。

综上，这一系列产品构成一个环环相扣的体验世界，它们的目标是优化参与者的体验，从而实现形成更好的食物消费习惯的使命。学校菜园非常成功，并于 2006 年成立了一个独立项目，从 2014 年开始扩大规模。现在项目名为从花园到胃（Have til Mave），已经在丹麦开创了 40 个学校菜园，还启动了一个由国家倡议和开发的学校烹饪菜园项目。

时鲜公司和从花园到胃项目的成功示范了聚焦体验将影响产品、客户的各种不同层面。在功能层面，项目传授了关于植物的生命周期和食品生产的知识，为参与者的家庭提供高品质的农产品。在情感层面，通过其戏剧性的体验路径，让孩子们能够进行掌控，产生自豪感，还提供了美学和嗅觉上的体验；让家庭结合得更紧密，培养孩子的独立、自信和对自然的敬意。在自我表达层面，参与家庭向其他人表达了自己的家庭价值观（例如，放在家门外非常显眼的包装盒）。更进一步，在理想层面，人们得以加入一种流行趋势，成为其中的一员。基于这一切种种，它们的确是以经验为中心的。但是它们历经种种困难才实现这样的目标，可能不会将自己视为是以经验为中心的企业。它们更有可能把自己描述为找到成功的商业解决方案的理想主义者，这一认知使它们面临一些组织上的或者结构上的挑战，本书会有更详细的讲解。它们创造出了让人渴望的产品，但是仍然会遇到种种关于体验的实现、赋能和结构的困难。尽管它们遇到了这些挑战，但聚焦体验本身已经推动其前进并使其脱颖而出，成为在丹麦家喻户晓的品牌。

1.7 以体验为中心胜于以客户为中心

许多组织混淆了以客户为中心和以体验为中心，而且当它们决定专注于客户体验时，第一直觉往往是研究如何在现有的以客户为中心的基础上再加一些东西。这个想法顺理成章，但是它是错的。以体验为中心的企业和以客户为中心的企业在价值观和方法论上截然不同。表 1-1 展示了以体验为中心的企业是如何青出于蓝而胜于蓝的。

表 1-1：以体验为中心与以客户为中心的对比

标准	以客户为中心	以体验为中心
价值目标	客户满意度	对体验的渴望程度
基本哲学	客户想要什么	希望客户产生什么样的感受
一般实现方式	反应型	主动型
组织架构	根据商业流程各行其是	围绕体验进行统筹
关键概念	价值主张、细分市场、品牌承诺	体验价值主张、个体、品牌体验
方向	把服务作为产品来构建	通过服务提供体验
品牌定位	传播品牌承诺	提供品牌体验

可以看到，以体验为中心的企业从根源——组织的价值目标——开始，就采取了截然不同的方向。将目标从客户满意度向"对体验的渴望程度"转变，需要从组织内部开始用非常不同的方法——一种对组织架构产生影响的方法——行事。以体验为中心的企业将改变企业内部的思考和行动方式。

1.8 以体验为中心将挑战组织逻辑

所有企业都有其内部逻辑，内部逻辑描述了它们共同的价值观、信念和实践方法。从内部观察时，难以发现和描述这些逻辑，但从外部看却往往很明显。它们是企业基因的核心组成部分，难以改变。有些逻辑即使整个组织齐心协力试图做出变革也会在企业中存在很长时间。

我和各种各样的企业合作过，包括以产品为核心逻辑的国际鞋类制造商，以技术为中心的国际电信公司，以及以流程为中心的北欧知名物流公司。

以体验为中心挑战了这些现存的组织逻辑，需要组织从内部改变其价值观、信念和实践方法。这听起来就是让人生畏的大工程，但根据我的过往经验，以体验为中心的方法目标清晰明确。以体验为中心是组织中每个人都能够感知的，将帮助整个组织达成共识。

与我合作过的所有组织都有一个共同点，就是都认识到必须把组织转变成以体验为中心的，而且明白组织内部需要团结一致才能实现这个目标。基于我的研究以及与多家组织的合作案例，本书将详述改变组织逻辑的不同策略。

1.9 这个概念新鲜吗？
为什么我需要读这本书

客户体验这个主题并不新鲜，你之前大概在其他领域听说过，比如企业品牌、文化品牌、体验经济、设计思维等，这些都是本书中想要传达的信息的延伸。

本书有三方面价值。其一，它明确了我们在当前市场以及业务中经历的巨变。能确认其名称已经具有很大的价值，我已经能想到一些灵光一闪的时刻，人们能够立刻掌握这个概念，并将其作为指路明星。其二，本书结合不同领域进行分析，形成一个核心聚焦点，帮助组织清晰发现其目标。其三，书中将介绍如何将组织转变为以体验为中心的，这个过程有明确的阶段和层次。

换句话说，本书从更高、更广的视角，帮助你推进必要的转变，开始以体验为中心的发展路径。

希望本书能够开启关键的对话，让人们意识到："是的，这就是我们要做的事情，我们要一起完成。"此外，也希望本书能给你一个内部的专业术语来开展讨论。最后，希望本书能够让你了解如何在整个组织中实现以体验为中心。

1.10 在哪里可以看到最佳示范

> 假如我们能够做到最好，就不需要等待来自外部的驱动力。在
> 被逼进行之前，我们就受内部力量驱动去改善服务，提升优势
> 和优化功能；在被逼进行之前，我们就降低价格，增加价值；在
> 被逼进行之前，我们就发明创造。
>
> ——杰夫·贝索斯（Jeff Bezos），亚马逊首席执行官 [12]

在这个阶段，你应该尽可能借鉴最佳实践示范，因为目前仅有几家真正以
体验为中心的组织。几乎没有组织能够自称自己从创立伊始就采用以体验
为中心的工作方法，但是确实有几个组织通过艰苦卓绝的努力实现了这样
的目标。这些公司往往拥有一位有远见的领导者，并且能够将愿景在组织
中贯彻实施。但现实中更多的企业还在努力中，逐步接近目标，没有采用
以体验为中心这个术语，也没有统筹全局的理论模型。尽管它们都有一个
共同的清晰目标：客户的体验是企业的驱动力，但它们实现以体验为中
心、驱动组织的方式各异。有些通过确立战略和战术思维实现以体验为中
心，但大多数还是采用了非常艰难的路径。它们在初创时期发展出体验丰
富的产品，获得了一定的成功，但随后却不得不痛苦地重塑企业以拓展产
品以及后期支持。

我会列举一些我认为是以体验为中心的组织，或至少是聚焦体验的组织。
有些比较高端，比如伊索（Aesop）（一个澳洲护肤品品牌），有些则更为日
常。这些组织都非常关注细节，具备统筹资源集中到客户体验上的能力。
这是关键的成功因素，也并不容易实现。毫无疑问，苹果公司是其中的佼
佼者，这个例子虽然被用得太泛了，但从中传递出一个重要的信息：世
界上首家价值数万亿美元的公司坚持以体验为中心的战略有 20 年了，在
此期间取得了巨大的成功。苹果公司的成功并非来自运气，而是有一个清
晰的愿景，始于客户体验，然后倒推出企业的每一部门要如何运转。史蒂
夫·乔布斯 [13] 在 1997 年解释过这一点。

还有一个典型示例是亚马逊，在撰写本书时，它已成为全球第二家市值达
到万亿美元的公司。杰夫·贝索斯（Jeff Bezos）是一个从一开始就完全专

注于客户体验的人。线上购物领域最重大的创新来自亚马逊，最近一个与实体零售商店相关的巨大创新也来自亚马逊，提出了"直接出入"的无人超市计划。因此它成为业界榜样也就不足为奇了，因为它能够持续不断地改善客户体验。CB Insights 最近发表的一篇文章 [14] 提到，通过主动为客户群体提供愉快的体验，从而实现高客户终生价值，是亚马逊的核心竞争力之一，并且为公司带来了回报。2017 年数据表明，亚马逊付费会员（Prime customer）的平均终身价值估计为 2500 美元。

1.11 体验改革的关键词

定义概念很重要，在合适的背景下为事物起一个描述得当的名称可以真正促进组织改变。当我向斯堪的纳维亚地区一家最大的保险公司介绍服务设计的基本概念时，意识到了这一点。"接触点"和"客户体验旅程"这些名词都很新，但很快就融入公司的日常工作对话中，并成为人们工作方式的一部分。所以，明确概念很重要，我希望接下来出现的术语可以帮助你在组织中做出改变，为熟悉的概念赋予不一样的视角。我会提前解释这些术语，这样当你读到它的时候，就能够理解我想要表达的意思。

体验价值主张（Experiential Value Proposition，EVP）是客户从体验视角观察时所感知的服务价值。由于这是一个主张，客户并未体验到，因此表达的是一种预期的体验价值。体验价值主张混合了功能性、情感性、自我表达和理想主义，其中既包括收益，也包括成本和风险。

体验价值主张可以分为两个主要部分：你提供的服务和客户感知到的服务。前者应该是你的设计目标，这是每个项目的重要组成部分。后者则是从体验视角感知到的体验价值，是两者中更重要的一个。客户感知到的体验受到个人、社会和文化等因素的影响，只有和客户对话才能真正理解。

在本书中，我使用"服务（offering）"一词而没有用"价值主张（value proposition）"，因为它更贴近现实、更接地气，并且更关注客户。虽然"价值主张"在学术层面上是一个正确术语，它反映了公司发展的方向，并鼓励经营者专注于为客户提供的服务。但是"服务"一词从客户视角出发，回答了"你为我提供什么服务"的问题。假如在组织中，你发现有人能够从客户的角度，尤其是体验的角度看问题，意味着你的组织已经改变了重心，开始通过客户的眼光来看待自己。

体验基因是组织用于建立客户体验的基础模块。与人类基因相似，它定义了你提供的客户体验包含什么要素。体验基因是关于你是什么，你曾经是什么，以及你想要成为什么的。它是客户视角和组织视角的平衡点。换句话说，组织内部文化是组织基因的重要组成，但是来自外部客户的观点能够与之进行平衡，而客户的观点是基于先前的体验和预期的。体验基因是使命、愿景和价值观，品牌策略和历史，你如何看待自己的组织，客户如何看待你，以及历史传承的综合。

体验基因包含大量的讲故事技巧，英雄、神话和重要历史事件交织其中。这些并不是虚构的，组织中每个人都可以识别出来，因为它们是真实的、共享的和可感知的。组织应该理解和尊重体验基因，因为它定义了你能和不能提供的东西。理解公司的体验基因并非易事，需要进行深思熟虑的研究，这对提供正确的体验至关重要，识别体验基因是转化的重要步骤之一（参见第 7 章）。

组织内部应该经常提出的一个问题是：一个项目、一项投资、一次服务或者一位雇员是否与组织的基因相匹配。这甚至可以变为组织的口头禅："它适合我们的基因吗？"组织所做的一切都应该与其体验基因相匹配。

体验历程（experiential journey）是客户在使用产品或服务方面所经历的过程。通常可以分为购买前、购买中和购买后三个阶段，还可以进一步将使用过程细分为不同的体验时刻（experiential moment）。可以对体验历程进行微调，囊括预设的接触点——客户和产品或服务之间的有形或者无形的接触点。接触点可以是直接的（比如一封信、一个欢迎礼包、建筑物里的标识、品牌标签、一条短信以及一位公司雇员等），也可以是间接的（比如口口相传）。理解体验历程中的接触点以及客户与之交互时所获得的体验，是实现以体验为中心的第一步。

体验协调（orchestration）这个术语非常直观。试想一下，一个乐队要么能够和谐共鸣，要么无法协调，试着把整个概念转移到客户体验设计中去。需要从组织内部进行协调，让人们齐心协力传达组织的体验价值主张。拥有共同的公司愿景、共同的方向以及谦逊的态度，才能建立组织文化。公司的领导层对于发展、分享和践行这种文化至关重要。此外，在组织中应该经常使用"协调"一词，比如，"我们如何协调这个服务体验？谁负责这个项目的协调？"

公司需要一个协调员（Orchestrator）——一个专职负责客户体验的人。这个角色应该是领导层的一员，并且应该被授予首席协调员、首席体验总监或者类似头衔。每个项目都需要一个协调员来负责该服务的体验，并且应该向首席体验总监报告。最后，体验本身需要在提供服务的过程中为客户量身打造，保证体验历程能够按需求完成。

融入（infusion）是指在整个组织中灌输某种思维和行为方式。试想一下，把茶包放进一杯热水里，观察茶色和味道是如何扩散到水中。"融入"在体验层面上的意思是，把对体验的重视散播到组织中的各个地方。融入并不会自行发生，需要不断的努力来保持其动力。融入是一个积极的过程，同时也需要组织本身保持乐观。如果缺乏乐观情绪，融入就会受到阻挠，所以在做出改变之前（比如把茶包放进水里之前），需要确保组织已经做好了准备。这种准备也许来自清楚辨认在通往以体验为中心的路径中你所处的位置（参见第 2 章），并用适当的速度来完成每个步骤。

两点之间，直线最短。套用到组织中意味着把每个人连接起来，助力实现以体验为中心的组织。这将使整个组织做好准备，为客户创造你想要提供的体验。协调意味着让整个组织去支撑你希望客户拥有的体验，每个人都将 100% 地支持你想要提供的体验，至少理解他们在其中发挥的作用。协调、融入以及归属感都是互相关联的。融入是对体验的共同理解，协调关乎实现目标的能力。

归属感是一种个人或集体的参与感，会对传递的体验产生影响，对于创建理想体验至关重要。归属感带来自豪感，两者紧密相关。归属感和自豪感可以激励人们，鼓励合作，让人在关键时刻迸发潜力。归属感是一种内在元素，意味着人们是为了共同的利益积极主动地行动。但是，归属感还需要个人在组织中得到认可，在组织中得到关注，并得到公开的奖赏。归属感可以看作是融入和协调共同作用的结果。当你理解自己在组织中的角色，并对此充满信心，融入就能成功，你也可以协调为组织做出贡献。

归属感的其中一个挑战来自组织边缘——那些距离交付体验最远的工作人员可能不了解自己的角色。并不是因为他们不重要，而是他们看不到自己的贡献。组织内部的象征性意识、特殊的活动以及内部讲故事，都有助于让外围工作人员融入组织，强化归属感。

行为真实性（behavioral authenticity）指的是接触点的表现和体验基因的契合程度。我们都知道每个人自己的声音和行为都有基调，应用程序、网页，以及所有其他接触点也都有基调。辨别体验基因的正确行为，确保行为真实性是发展和保持以体验为中心的关键要素。

1.12 尾注

[1] American Express, "American Express 2017 Customer Service Barometer," *https://amex.co/2VVRvqD.*

[2] Devon McGinnis, "Research Shows Customer Loyalty Hangs in the Balance: 'State of the Connected Customer Report'," Salesforce, October 24, 2016, *https://sforce.co/2JHJP9V.*

[3] David Clarke and Ron Kinghorn, *Experience Is Everything: Here's How to Get It Right* (New York: PwC, 2018), *https://pwc.to/2XagMio.*

[4] American Express, "American Express 2017 Customer Service Barometer," *https://amex.co/2VVRvqD.*

[5] Chris Bucholtz, "The $62 Billion Customer Service Scared Away" (NewVoiceMedia blog), *http://bit.ly/2Xafrbd.*

[6] Knowledge@Wharton, "Connecting Marketing Metrics to Financial Consequences," November 17, 2004, *https://whr.tn/2WcXIU7.*

[7] RightNow Technologies (later acquired by Oracle), "2011 Customer Experience Impact Report Getting to the Heart of the Consumer and Brand Relationship," *http://bit.ly/2WsfYZa.*

[8] Colin Shaw, *The DNA of Customer Experience: How Emotions Drive Value* (New York: Palgrave Macmillan, 2007).

[9] Irving Wladawsky-Berger, "Customer Experience Is the Key Competitive Differentiator in the Digital Age," *Wall Street Journal*, April 20, 2018, *https://on.wsj.com/2HEwqNw*.

[10] Elle Hunt, "Can You Really Save for a Deposit by Ditching Coffee and Toast?" *The Guardian*, January 29, 2018, *http://bit.ly/3OOqgBY*.

[11] Daniel Schorn, "Howard Schultz: The Star of Starbucks," CBS News, April 21, 2006, *https://cbsn.ws/2I89l58*.

[12] Jeff Bezos annual letter to shareholders 2012, *http://bit.ly/2VSx8e8*.

[13] Mike Cane, "Steve Jobs Insult Response," posted June 8, 2011, *http://bit.ly/2Xitw6N*.

[14] CB Insights, "21 Lessons from Jeff Bezos' Annual Letters to Shareholders," October 16, 2018, *http://bit.ly/2I6BY2B*.

[15] Chris Matyszczyk, "Why Apple Keeps Winning in Style," CNET, February 1, 2015, *https://cnet.co/2worGFt*.

第 2 章
五步转变为以体验为中心

本章将把上一章讲到的内容放到组织变革和体验成熟度的背景下，探讨组织要实现以体验为中心所需的五个步骤。读完本章后，你将能够按照以体验为中心的成熟度量表对自己的组织进行定位，并为组织转型制定路线。

2.1 既是短跑，又是马拉松

通过和多个组织合作，观察它们在客户体验中面临的挑战，我发现它们采取的步骤中有特定模式，既体现在理解以体验为中心的方式上，也体现在活动和组织变革层面。在此，我将之归结为实现以体验为中心的五个步骤（见图 2-1）。每家与我合作过的公司都比较严格地遵循了这些步骤，你可以在自己的组织中利用这些步骤作为衡量进度的标准，以及规划发展的工具。

第一阶段，可以采取客户历程的方式，小步快跑，迅速站稳脚跟，在此之后，组织想要改变内在的逻辑将变得非常漫长（除非是创业公司）。这一章会介绍实现以体验为中心的五个阶段，每个阶段的转变以及特点。

经常有人问，是否可以跳过某些步骤，或者合并一些步骤？答案是，是否能够跳过某些步骤取决于组织基因、应对改变的灵活度以及需要实现的转变程度。如果是一家历史悠久的老牌企业，或是一家传统行业的垄断者（邮政、电信等），那么将面临一场漫长的马拉松。假如是一家新创立的企业，由充满魅力的领导带领，组织基因充满活力，就能更快地完成这些步骤。从组织变革中我得到的主要经验是，用心计划、尽早让设计师加入其中，不要期望一蹴而就。在实际操作中，每家组织都会找到属于自己的独特实践方式。

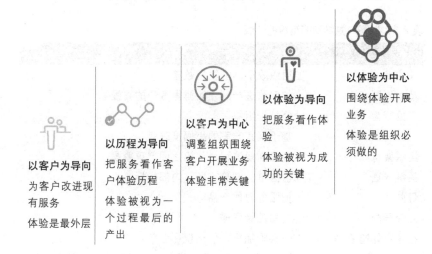

图 2-1：实现以体验为中心的五个步骤

以下将描述每个步骤和它们各自的特点，以及可以快速通过这些不同阶段的方法。

2.2 第一阶段：以客户为导向的组织

对于正在阅读本书的你，大概早已经越过了第一阶段，但事实上还有很多组织处于这个阶段。以客户为导向的组织看世界的视角是由内到外看向客户的。它们充满自信，这或许可以归功于早期取得的成绩。它们能够把客户划分为不同细分市场，从交易的角度把服务视作待售的商品。以客户为导向的组织使用迈克尔·波特（Michael Porter）的价值链模型 [1]，因此本质上部门和部门之间是非常割裂的。

以客户为导向的组织把自己要提供的产品服务视为固定的，然后向客户寻求反馈以改善产品服务，而不是从源头上根据客户反馈改变自己的产品服务。

虽然以客户为导向的组织把客户体验看作成功的其中一个重要因素，但它更像是一个烤好的蛋糕最外层的糖霜。当涉及服务的时候，这类组织还没有用过客户历程这个重要创新工具，尽管它们也许会（错误地）把流程图认作体验历程。以客户为导向的组织具有的重要特点见表 2-1。

表 2-1：以客户为导向的组织的特点

标准	以客户为导向
关注点	组织效率，已发货数量
基本原则	如何改进产品才能博得客户的喜爱
常见行为	聚焦于组织 基于现有方案的小幅度改变
组织架构	遵循商业流程，部门之间严重割裂
关键术语	价值链、细分市场、内部指标
导向	把服务看作产品
品牌导向	传播品牌承诺
把客户体验看作……	一种附加物，仅出现在名字中
代表语	"我们创造了一种新服务：你可以看一下有什么可以改进客户体验的方案吗？"
进化策略	引入客户历程作为思考和可视化的工具，发展一些概念性服务理念

从以客户为导向的组织快速进化的方法

要从以客户为导向快速进步，可以采用客户历程这一工具。因为"历程"的视角能够概括客户的视角、时间、接触点以及体验。此外，将客户历程细分为使用前、使用中和使用后，可以改变传统交易买卖的思维方式，引入一种关系概念。客户历程和接触点都是以体验为中心模式的重要元素：通过客户的视角，思考使用前、中、后三个阶段的体验，分辨出客户在这个过程中跨越不同部门体验的情况。使用客户历程的方法还把设计作为一种方法论引入企业中，促进不同团队成员之间进行协作。在下一节中我们会看到，向以历程为导向迈进是客户和组织都会注意到的一步。它将在以客户为导向的组织中产生巨大推动力，使之朝着以体验为中心的方向挺进。

尼古拉斯·因德（Nicholas Ind）是一位品牌大师，有若干本署名著作。他曾与阿迪达斯（Adidas）和巴塔哥尼亚（Patagonia）等一系列商业机构，以及联合国儿童基金会（UNICEF）等非营利组织合作，为它们提供咨询。他解释道，聚焦客户体验是组织文化的一部分，这一点于他个人而言非常重要。

客户强烈希望拥有有趣又正能量的体验。购物本身让人开心，使用产品的体验同样让人愉悦。客户的要求越来越高，不明白这一点的公司会走下坡路。

对客户体验的关注存在于组织的文化中，不仅需要最高管理层承担责任，需要所有高层人士承诺，还需要一位首席执行官和管理层的其他人共同致力于以体验为中心。缺少这些元素，细节会有所偏差，会走错方向。我最担心的是有些公司创建了客户体验部门，却将之边缘化。

向以体验为中心转变需要专注于：

- 领导力。
- 重视以体验为中心，并围绕体验提出战略。
- 重新评估组织内部衡量什么，奖励什么，招聘标准是什么，员工培训机制，以及奖励机制。

这是我根据优先级排的序。

首席执行官必须同时是首席体验官及组织的主要负责人。英国电信公司橙子电信（Orange）就是一个很好的例子。首席执行官汉斯·斯努克（Hans Snook）非常重视客户。后来它们卖给了其他公司，客户体验就开始"休眠"了，很明显其价值观发生了改变，以体验为中心的理念不再明确，斯努克也随后离开了。

了解客户体验的关键在于理解人们的感受。要做到以体验为中心，就永远不能只把客户当成市场调研报告里的数据。这并非一个表面可以改变的问题，需要透过表象进行深挖，才能够发现更重要的层面，去思考人们真正在经历的是什么。这些往往涉及没有被数据揭示的、存在意义上的需求。组织通常面临各种挑战和阻碍，仅能通过死板的调研数据去了解客户。很多组织中，建立品牌的科学方法阻碍了以客户为中心的尝试。组织通常不是围绕客户建立的，对数据过分关注导致它们无法真正了解自己的客户。定量问题通常只能给出一些关于客户体验的肤浅回答。

> **"要做到以体验为中心，就永远不能只把客户当成市场调研报告里的数据。"**

大多数项目都需要基于定量研究的商业案例去推进，这很难应用于客户体验和客户渴望上。需要用一种新方法来平衡以定量分析为主导的方法。我最近比较了两个品牌：一个时装品牌和一家大型电信公司。这个时装品牌表示，它们所做的一切都是基于直觉的，大型电信公司则表示自己一切都基于定量分析进行决策。我认为定量分析往往让组织难以真正理解客户。

组织实践中经常需要妥协。对如何方便而又快捷地增加公司利益的思考往往会胜过对客户体验的考虑。比如，我知道一家航空公司专注于旅行体验，但是客服中心的工作人员的工作时间为上午 10 点到下午 5 点。这种"蝇头小利"伤害了客户体验，让客户感到失望。因此，必须要有始有终地聚焦客户体验，保证在实践中真正落实。

2.3 第二阶段：以历程为导向的组织

这一阶段始于一些相对较小但成功的项目去绘制客户历程。在这个阶段，虽然客户体验也会反映在历程可视图中，但此历程被称为客户历程，而不是体验历程。

以历程为导向的组织意识到客户历程的巨大潜力，将之视为创新的新爆点，并迅速投入发展这种能力。这种组织清楚客户历程规划的价值，并渴望获得更多。

以历程为导向的组织逐渐意识到在这种背景下设计带来的价值。这仍处于使用设计思想和服务设计的早期阶段，以历程为导向能够提供以下帮助：

1. 引入客户的视角和声音，客户对服务的意见往往会让人产生灵光一闪的时刻。

2. 鼓励采用基于情感的视角看待组织的服务，展示客户会如何经历不同接触点（和部门）。

3. 引入接触点的概念，强调客户和服务互动的方式。最初，组织以为接触点的价值有限，但是很快就会意识到它们有多少个接触点，它们在整个组织中多缺乏协调。因此，组织才能够理解它们所提供的服务是一个包括不同部分的体验整体。

4. 品牌和市场营销部门从广告和视觉品牌识别向接触点转变，在提供服务时扮演更积极的角色。大家逐渐形成关于历程协调的共识。

5. 把设计师的视觉化和整合技巧引入组织中，从中开始理解设计师（尤其是服务设计师）能够带来附加值，理解他们与组织的关联。

6. 让人们意识到客户体验不是简单分为好的和不好的，而是有更细微的差别，会随着时间流逝发生变化。净推荐值（Net Promoter Score, *http://bit.ly/2ZKbLhf*）受到追捧，就是因为这种强化的意识。

以历程为导向的组织很快开始使用一些诸如"客户历程"和"接触点"之类的术语，并且将历程图变为一种标准做法，尽管最初没有任何关于历程图标准格式的明确规范。对于这些创造性的工作，有些组织聘用外部设计师，对组织进行有效的补充。设计师带来的价值包括四个方面，这些价值进一步推动组织自身发展。首先，设计师带来创造力。他们的思考围绕着"将会是什么样子"开展，而不是"当前是什么样子"。其次，他们使用视觉化的方式进行协作，通过可视化让团队的讨论成果变得真实可见。再次，他们会引入客户的观点，用不同于常规的方式引入客户的看法和声音。这代表了客户的视角，将逐步带领组织向以客户为中心的方向发展。最后，设计师为他们的工作和解决方案带来体验式关注。他们关注客户（和员工）的体验，不仅用一系列术语去描述，还能在项目早期创作原型进行试验。此外，设计师们能够作为一座简单的桥梁，连接客户体验以及组织的品牌战略。

表 2-2 描述了以历程为中心的组织的主要特点。

表 2-2：以历程为导向的组织的特点

标准	以历程为导向
关注点	落实服务，保证统一
基本原则	如何使用客户历程方法来改善产品
常见行为	聚焦于组织 基于现有方案的小幅度改变
组织架构	遵循商业流程，部门之间严重割裂，但是开始出现部门之间的协作
关键术语	引入接触点、历程、客户观点等术语
导向	把服务看作在一段时间内通过不同接触点提供的产品
品牌导向	仍然专注于传播品牌承诺
把客户体验看作……	在设计过程中可以考虑的内容
代表语	"能够看到整个历程以及每个节点实在是太有用了！"
进化策略	思维模式从考虑客户转变为考虑客户历程； 开始以客户为中心的探索； 发展一些概念性服务理念

从以历程为导向的组织快速进化的方法

要尽快完成此阶段，需要做三件事。首先，在服务设计上投入资源，与一家优质的服务设计公司建立长期合作关系。在此阶段,你需要发掘一些可以长期合作的设计师。其次,在组织内引入体验历程图作为标准工具。其中,可以重点关注体验式满足这一部分(详见第 3 章),创造属于自己的模板来描述体验历程(详见第 6 章)。这能够帮助建立一种以客户为导向的视角,用可视化的方式解释服务。最后,把获取客户观点的方法纳入项目进程中,这意味着团队开始倾听客户(你可以在第 4 章了解更多关于如何看见、倾听和成为客户的内容)。如果能够做到这三件事,组织就能够迅速通过以历程为导向的阶段,进入以客户为中心的阶段。

想要提速,可以在组织中设立与客户历程和客户体验相关的职能。详尽的规划有助于把这种职能扩展到体验涉及的领域。但要注意,现阶段所需的技能不同于以后需要的技能,且更具实操性,所以在这个职能组建立后,要做好准备随时改变其职责及其领导层。

在这个节点,以历程为导向的组织将发展出变革的动力和积极的态度,帮助它们积极转向以客户为中心的阶段。

2.4 第三阶段:以客户为中心的组织

以客户为中心和以客户为导向的组织有着截然不同的世界观,它们不再关注现有产品服务如何迎合客户,而是关注"我们应该提供什么样的产品服务来满足客户需求?"这可能听起来只是一个微妙的改变,但是立场却深刻地改变了。以客户为导向的组织仍然主要关注自身利益,客户只能接受组织提供的服务或产品,而以客户为中心的组织专注于了解客户。这是一个巨大的转变,不仅因为领导层的思维模式,还有组织层面的逻辑——一个组织的"生存意义"都发生了转变,变为以服务客户为主(这不就是"服务"真正的含义吗)。要做到这一点,组织要合力完成这段历程去了解客户。

迈向以客户为中心的这一步的"导火索"是绘制历程图、在过程中吸引客户参与。绘制历程图时把客户纳入其中作为协作设计者,让组织意识到倾听客户并把客户的声音作为组织的核心将带来巨大的优势。

以客户为中心的组织通过以客户为中心和站在客户的立场思考,增强了历程图的效用。以客户为中心的组织的一个重要的优先事项是满足客户需求，引入大规模计划来识别这些需求，并将其转化为服务。作为此过程的一部分，我们努力通过定量指标（如净推荐值）来衡量客户的需求在多大程度上得到了满足。

组织的目标从直接确定客户的需求转变为理解他们的生活及生活方式。组织能够识别潜在客户需求的优先次序，明白客户并不总能表达自己想要或需要的东西。对客户需求理解的视野的进一步拓宽，是向以体验为中心转变的关键前提，因为引入了客户的社会和文化视野（虽然在这个阶段，还只是处于潜伏期，没有明确地在组织中进行讨论）。

以客户为中心的组织更深入地理解何为提供服务，渴望和客户建立长期的关系。但是，这也会让组织意识到外部因素及其对客户的影响。组织开始从关系网络的视角看世界，而不是从价值链视角看世界，会因此更注重组织内外影响客户体验的重要因素。更进一步，组织可能还会意识到要去发展新的影响因素配置来满足明确的客户需求，围绕客户需求建立战略合作。这种转变把客户作为价值的重要共同创造者，把客户自身的网络看作重要的观点来源。

组织内部会逐渐意识到客户体验的重要性，但这是在满足需求的框架下去提供一致的、让人满意的体验。到这个节点，组织内还缺少描述客户体验的术语，品牌还没有完全专注于客户关系，或者是将品牌转化为体验。

表 2-3 描述了以客户为中心的组织的主要特点。

表 2-3：以客户为中心的组织的特点

标准	以客户为中心的组织
关注点	通过为客户提供他们想要的（包括长期需求）实现价值
基本原则	提供什么样的服务才可以保证客户忠诚和满意
常见行为	关注外部； 发展由客户最初提出的解决方案
组织架构	逐渐脱离早期各自为营的组织；客户责任出现在组织架构图上

表 2-3：以客户为中心的组织的特点（续）

标准	以客户为中心的组织
关键术语	客户观点、客户的声音、净推荐值、生命阶段、客户生命周期价值
导向	在较长时间段里，通过不同的接触点来提供相关的服务，满足客户的需求
品牌导向	开始转向以传递服务为导向
把客户体验看作……	实现客户满意度的一部分
代表语	"为了让组织继续存活，我们要提供客户想要的东西"
进化策略	和客户的对话从"你想要什么"向"说说你自己，让我们了解你更多"转变

从以客户为中心的组织快速进化的方法

与前几个阶段相比，完成此阶段的进化需要更长的时间，因为需要一种从根本上就有所区别的组织逻辑。这种逻辑转变需要很长时间。因此，重点应该是发展和鼓励正式的和非正式的组织架构，以促成这一转变。在组织内分享故事、一些经典和示范是加速这个阶段的有效手段，尤其是结合客户的照片、引用包含客户观点的话语，反复强调做出以客户为中心的行动能够获得内部奖励。讲述有关一位员工如何为客户服务到极致的故事，有助于树立新的思维方式。

开发以客户为中心的关键绩效指标。这并非易事，但却是重要的跨部门奖励机制，让员工意识到实现这个目标需要合作。组织内部应该积极讨论，讨论如何破除部门壁垒，创造全新的、更有凝聚力的组织架构。这些可以是基于客户历程的架构，也可以是基于客户生命阶段的架构，完全取决于组织基因。

组织基因在这个阶段起着关键作用。一个要注意的点是，过分关注客户观点以致发展出不适合组织基因的解决方案是非常危险的。要注意组织的局限性，花时间讨论组织基因，提高对其认知程度。这可以看作是回归组织传统，回到真正擅长的事情上，或是肯定组织的宝贵传承。但是你也许真正发现了一个客户需求，可以从根本上改变现有产品。在这种情况下，你会面临艰难的抉择，是扩展组织以进行改变，还是重新创建一个新的组织去探索这种潜力，或是和其他外部组织开启一项新事业？

以客户为中心的组织努力做到一切都能够围绕客户开展，把它作为组织的座右铭，这是迈向以体验为中心的下一步的重要准备。

2.5 第四阶段：以体验为导向的组织

以体验为导向的组织建立在向以客户为中心发展的路径之上，也为通向以体验为中心铺平道路。这是一个相对短暂的阶段，因为组织很快就会意识到需要采取更激进的方法去真正提供理想的体验。

在许多层面上，转变从之前的阶段就已经开始了，就像一艘超级油轮，动力强劲难以阻挡。建立和客户的紧密联系，会使向专注客户体验迈进一步。在以客户为中心的阶段，组织会发现以客户为中心并不限于倾听客户，而在于理解客户，并且是在更宽泛的意义上理解。这能够培养组织对客户在交易之外的生活层面和文化层面的理解（详见第 10 章）。逐渐地，组织会理解以客户为中心的阶段也许过分重视体验的功能层面了。也许组织也考虑过客户情感层面的需求，但是组织内的主要逻辑仍然集中在功能收益上。

将设计融入组织中能够促成设计和市场营销部门的合作，并在此基础上建立对客户体验重要性的共识。这会引发有关体验设计的更深入的讨论，让品牌更紧密地参与到提供服务体验中。

用组织的术语来说，以客户为中心的组织只是刚刚开始扩展旧有的组织逻辑和架构，没有进行根本性改变。以客户为中心的阶段需要更多组织范式的转变，而非彻底的组织变革。在以体验为中心的阶段，组织对体验的关注逐渐加深，从而深化范式的转变。正是在这个阶段，组织开始意识到需要进行根本性的变革才能充分实现理想的客户体验。与此同时，组织已经准备好进行转型，因为很多员工都已经意识到转型是必然的。积累的势头将推动组织发生变革。

表 2-4 描述了以体验为导向的组织的主要特点。

表2-4：以体验为导向的组织的特点

标准	以体验为导向的组织
关注点	通过提供客户所需要的体验收益创造价值
基本原则	服务如何改进才能为客户提供他们真正想要的体验
常见行为	关注外部 在功能收益之外还有体验收益
组织架构	以客户为中心的渐进式改变把市场营销部门和设计部门拉近；提高对与体验相关的指标的关注
关键术语	体验收益、客户观点、净推荐值、客户生命周期价值
导向	在较长时间段里，通过不同的接触点来提供相关的服务，以满足情感上、功能上的需求
品牌导向	以客户体验为导向成为服务的一部分
把客户体验看作……	客户满意度至关重要的组成部分
代表语	"我们要增加一些符合客户需求的体验要素。"
进化策略	从客户需求转向把体验作为所有讨论的中心点

从以体验为导向的组织快速进化的方法

以体验为导向的组织已经把客户放在中心位置，把优化体验作为努力的方向。这一阶段的组织已经准备好迈向以体验为中心的最后一步。为了加速转变，要开始把所有的开发工作都围绕客户体验进行，每个项目的启动都需要提供一份基于改善体验的概述。在这个阶段和客户接触时，除了了解客户需求外，还应该了解客户情感层面的需求。此外，组织可以开始讨论什么样的组织形式能够实现其对体验的承诺，让设计和营销部门协作参与，尤其是有关品牌管理的部分。

2.6 第五阶段：以体验为中心的组织

欢迎来到以体验为中心的阶段！你已经从以客户为中心，经过体验历程和理解客户阶段，来到了最后一个阶段：优化组织以提供有价值的客户体验。本节将简要介绍以体验为中心的组织。之所以简要介绍是因为有单独的一章（参见第4章）专门介绍以体验为中心的组织的核心体现。

实现以体验为中心，是以客户为中心的组织顺理成章的下一步，因为在以客户为中心的阶段已经非常重视客户，并在决策过程中越发理解客户体验的重要性，组织最终会意识到关注体验是进一步发展的必然方向。

2.6.1 更努力，更好，更快，更强

以体验为中心的组织知道自己想要给客户提供的体验，也知道客户是如何感知其产品服务和品牌的。这种组织会更努力地尝试实现其定义的体验，因为团队中每个人都知道要实现的体验是什么，以及如何实现。它们提供的产品服务明显优于其他竞争对手，并且能够提供符合组织基因的体验，其他人难以复制。这种组织能够更快前行，因为它们具备一种天生的能力，可以适应外部文化变化、任何技术变革或市场变革，即组织内部能够灵活地通力协作。因为拥有共同的愿景、明确组织意义的凝聚力，以及一个清晰的努力方向，这种组织也更强大。

表 2-5 描述了以体验为中心的组织的主要特点。

表 2-5：以体验为中心的组织的特点

标准	以体验为中心的组织
关注点	对体验的渴求
基本原则	希望客户能够产生什么样的感受
常见行为	主动，体验式
组织架构	围绕体验进行整合
关键术语	体验价值主张、表达、潮流感知、体验历程
导向	在体验历程中承诺并提供体验
品牌导向	通过令人愉悦的体验展示公开透明的组织基因
把客户体验看作……	价值的主要来源
代表语	"这一建议会如何影响我们想要实现的体验？"
进化策略	改进文化交互方式

2.6.2 从以体验为中心的组织快速进化的方法

以体验为中心的组织是每个组织的发展方向，随着组织逐渐向前推进，这一阶段将会逐渐深化，路越走越宽。这是因为当你越了解体验，就会发现组织中可以进行整合的新领域、新能力也越多。在这个阶段，组织已经掌握了上一阶段的工作方式，可以将这些方式融入现有的组织中，而不需要对组织逻辑进行太大的更改。然而，当你进入以体验为中心的世界，你就要改变组织逻辑了。组织逻辑推进的深入程度取决于迄今为止的历程，假如整个组织采用客户历程的方法，真正专注于理解客户，那便具备了采用以体验为中心的方法的基础。但是如果这项工作还没有在整个组织内进行，并且没有真正影响到组织的根本逻辑，那么以体验为中心的进展将会变得缓慢。

2.6.3 获得以体验为中心的橙带

在橙带阶段，首先要主动选择以体验为中心，并在组织的领导层中争取支持。这需要领导层介入才能获得更好的凝聚力。因此，合理的第一步是建立这样的组织架构：将客户体验清楚地写入组织规划中，然后聘请合适的人担任体验总监。这个职位的任务是在领导层中建立对体验基因的共识，让组织全员能够具备共识并授权继续进行转型。

整个领导团队都会参与到建立体验基因的工作中去，并确定体验的核心标准。在这个过程中，组织可以把这些核心标准用在某些服务中，检验它们是否适合本组织。然后，再用这些标准开发未来的概念性服务。这些标准就好比汽车领域里的概念车，用来在市场中和组织里推广概念并统一共识。假如组织还进行了从部门分散行事向协同合作的转变，那么这种核心标准体验在组织中的传播将会加速。

领导力在这个阶段非常重要，需要公开支持组织的转型和新定位，尤其是进行正式的组织架构调整，同时支撑非正式的组织行为以专注于体验。使用成功案例、代表人物、内部仪式会有所帮助。此外，增强一线员工的工作能力也很重要，尤其是突出他们的重要角色，找到其中的成功案例，公开认可他们的价值。

2.6.4 获得以体验为中心的蓝带

在蓝带阶段，组织架构正规化，依据制定的核心标准提供体验。当组织确立非正式的架构和非正式的体验文化后，就要开始实施新的正式架构，同时加强现有的架构。还要考虑关于体验的关键绩效指标（KPI），这可能会需要你不断调整传统的关键绩效指标来适应当前背景。

在这个阶段，对客户的理解已经加深。组织能够超越客户所说的话，去理解其背后的需求和行为动机。这是实现创新服务、和客户建立更亲密关系的先决条件，也是组织进入下一阶段的要素，为专注文化建设做准备。

2.6.5 获得以体验为中心的黑带

黑带阶段是对之前工作的深化和拓展，接下来文化将扮演更加积极的角色。这就需要组织能够通过趋势化和文化视角关注并促进组织与客户之间的互动（如第 10 章所述）。服务和组织的个性将成为创造文化和意义互动的基础。正如在第 10 章中克莱尔·丹宁顿（Claire Dennington）讲到，这可能包括，从更传统的侧重于理想主义方面（法国英特马诗（Intermarché）公司的"难看的"水果和蔬菜）到更引人注目的政治方面（耐克空军一号联名版球鞋（Nike and Colin Kaepernick）），也可能通过识别文化消费中的变化来实现（苹果公司的"撕毁，混合，烧录（Rip.Mix.Burn）"运动）。

2.7 尾注

[1] 价值链概念来自商业管理领域，是由迈克尔·波特（Michael Porter）在 1985 年的著作 *Competitive Advantage: Creating and Sustaining Superior Performance*（由 Simon & Schuster 出版社出版）中提出的。它描述了如何将公司的运营划分为不同阶段的活动，从而增加竞争优势。价值网络是价值链的替代方案。在价值网络中，价值是在参与者之间复杂的关系网络中创造的。不同的客户以及他们构成的关系是价值网络的核心部分，客户是价值的共同创造者。

第 3 章

以体验为中心的组织的架构：以体验为中心之环

本书想要传达的一个关键信息是，客户体验并不是事后才来考虑的事情。它是组织存在的根基，是组织的核心驱动因素。组织中所有人都需要专注思考体验，并支持其实现。这需要一个基础性架构，促成体验式思维，确定组织中每个部分在体验实现中的角色和职能。本章将介绍一种用于理解以体验为中心的模型，称为以体验为中心之环，它将帮助你看到客户在接触点上获得的体验是如何与组织的架构、战略产生关联的，反之亦然。了解这个环及其组成部分如何运作是释放以体验为中心的组织的潜力的关键。它能帮助团结并引导整个组织实现其使命：提供令人记忆深刻的客户体验。

3.1 两家餐厅的故事

最近，我和我的好朋友索伦（Søren）一起讨论这本书。索伦是一名研究创新的专家，我们经常一边吃饭喝酒、一边讨论以体验为中心的话题。那天我们去了常去的一家法式可丽饼餐厅，但是新来的女服务员态度非常恶劣，脾气暴躁又粗鲁。她破坏了我们的讨论氛围，使得讨论无法进行，最后我们失望地离开了，我们的体验和期待被一位服务员破坏了。好在还有很多其他餐厅可以选择，于是我们决定试一下我最近路过的一家小餐厅。我注意到这家餐厅是因为它的名字（No.30），铺满瓷砖的内部装饰（我记起这里之前是一家肉铺），大小合适（让人感觉亲密），以及装饰风格（千奇百怪的葡萄酒瓶、怡人的灯光和漂亮的家具）。我查了一下 Yelp 点评应用和谷歌上的评价，觉得评价挺好的，于是决定去看看。出发之前，我在线预定了座位。到餐厅之后，店员热情地向我们问好，选择了一张很棒的桌子方便我们交谈，食物和酒都非常美味。食物的配料组合让人惊喜，我们点了很多可口的小菜，以及一瓶非常好的葡萄酒，价格非常公道。我们和厨师以及其中一位老板聊天，他们解释了餐厅背后的理念，他们在北欧美食创新中的影响力，以及他们是如何花时间寻找合适、优质的食品供应商的。上菜时间恰到好处，所以我们不会同时要吃很多碟菜，服务员照顾周到，付钱的时候我们很容易就平分了账单，各自付各自的份额（在斯堪的纳维亚半岛很常见）。整个流程让人享受，各方面都符合甚至超越了我们的预期。

你大概也多次经历过类似的事情，我们不妨深入研究一下就餐体验，因为可以从中揭示以体验为中心的组织的底层架构。

3.1.1 关于预期、产品和体验

将我们在那个晚上的经历放在时间线上展开，可以展示出其中关于预期、产品和体验的要素。我根据之前在可丽饼餐厅的体验建立了预期，但是因为其中重要的一环——真实的就餐体验违背了我们的预期，所以让人失望。然后我介绍了一家新餐厅 No. 30。这家餐厅给我们展示了美好的体验预期，而真正的体验又远远超出了预期，最终的美好结局令人愉悦。我们后面会看到，产品、预期和体验是很难拆分来看的，它们都和体验密切相关。既然已经了解整个故事的关键要素，我们就可以更深入一层。

3.1.2 体验是在体验历程中通过一连串的接触点和交互实现的

在这个故事中，我还描述了体验是如何随着时间推移，通过和多个接触点的交互而产生的。其中尤其引起注意的是人的接触点，即第一家餐厅里的粗鲁服务员。我大致描述了那个晚上的体验历程中的其他接触点，比如餐厅的设计，在手机上查看点评，等等。但现实中还存在更多我们没有描述的接触点，比如菜单、声音、景致、装修以及其他人。任何体验都包含丰富的元素组合，包括接触点、时间、行为以及预期。这些都是实现体验要具备的元素，它们串联交织在一起，有助于实现我们的体验预期。

3.1.3 接触点由平台和流程支撑

我还提到了查阅网上的评论、在线订位、上菜时间，以及最后平分账单。这些例子揭示出可见（通常不可见）的平台和流程是如何支撑接触点实现体验预期的。故事中我还描述了许多其他体验支撑元素，比如组织架构（正式的和非正式的）、奖励机制、会计和库存状况。对于大部分顾客来说，这些元素不可见但是非常必要。缺乏这些元素，餐厅就无法提供我们享受到的美妙体验，这些元素也保证了接触点的一致性，让体验得以扩展。

3.1.4 平台和流程由战略架构支撑

在战略层面上，我描述了第二家餐厅的商业模式，它尤其关注北欧食品发展以及与优质供应商的关系。这些共同构成了这家餐厅与众不同的、与顾客相关的架构，同时也是餐厅得以生存发展的根基。这种架构作为高层级策略使得服务成形，帮助不同支撑元素支持接触点实现体验预期。

3.1.5 各种因素交织组合

上面描述的不同部分可以组合成一系列有逻辑的角色和关系，而且合乎情理。体验是通过在一段时间里和接触点交互而形成的，这些接触点又是由平台和流程支撑的，同时这些平台和流程是公司战略架构的反映。表 3-1 对这些关系进行了总结。

希望你能观察到体验和整体是如何关联起来的，借此去理解体验的实现取决于整个组织的团结。每个层级做出的决策都会对体验造成巨大影响，需要按照这种方式来理解，才能清楚了解你想向客户传达的体验为何如此重要。从运营到战术再到战略的每个决策，都需要和体验相关。

表3-1：体验、接触点、平台、流程以及公司战略架构等因素之间的关系

阶段	描述	以餐厅为例	关键问题
对于体验的预期和实际体验	产品能够实现顾客对体验的预期。顾客真正使用产品，并且感受到这种体验 产品、预期和体验紧密结合在一起	基于过往体验产生预期，在可丽饼餐厅却经历了糟糕的体验 另一家餐厅创造了对于体验的预期，让人惊喜、新颖且美味 和朋友一起分享这份体验 感受到自己成为一种新的食物潮流中的一员	我们想要顾客得到什么样的体验 什么样的体验产品承诺了这样的体验 什么产品符合组织基因
体验实现	体验历程中顾客和广告、口碑、电子邮件、雇员等不同接触点之间的交互	服务员、厨师、老板、餐厅名字、地点、网站、社交媒体、点评、预约、标志、口碑、菜单、店员、室内装修、食物、酒水、账单等	为了给顾客提供上面所描述的产品和体验，我们需要哪些接触点，要进行什么样的设计
体验支撑点	帮助支撑接触点的所有平台和流程	帮助支撑接触点的所有平台和流程	如何使历程、接触点和交互能够实现理想的体验 什么样的平台和流程能够帮助我们实现
体验架构	商业模式以及参与者生态	战略供应商、价格架构、目标顾客	战略合作伙伴是谁，价格策略是什么，想要为什么样的顾客实现愉悦的体验

3.2 从线性模型到环状模型：以体验为中心之环

当我开始构思本书时，忽然意识到前面描述的线性、直观的架构有些不对劲。作为一种理解方式，这个架构既简单又符合逻辑，但是缺少两个要素。首先，组织的体验基因是体验的重要元素，但是在我的模型中却找不到合适的位置。体验基因会影响组织的各个部分，至于它是能够支持提供体验，还是会阻碍实现体验，取决于组织是否或者如何培养体验基因。其次，令我困惑的是，商业模式的战略和参与者关系这两者与产品服务和体验距离很远。我一再对自己说，战略决策决定了产品形态，与此同时也会想到产品服务是客户预期和客户体验的核心。唯一能够解决问题的方法是把它们连接起来，从一个线性模型发展成为一个环，其中体验基因占据中心位置。这便是以体验为中心之环！

以体验为中心之环有五个环环相扣的部分，共同围绕着组织的体验基因（见图 3-1）。这个环的所有部分都致力于实现理想的客户体验，而且每个部分都有明确定义的角色。从这个模型可以看到各个角色的作用，帮助将体验战略转化为出色的运营。如果能够掌握并使用这个环，那么便可以顺利发展一个以体验为中心的组织。

这个环确定了不同部分的角色及其之间的关系，从概念和功能上解释它们如何融合在一起，但并未提供按时间顺序实现的步骤。

它告诉我们各个部分如何协作，以及如何整合自身能力来创建一个整体——一个能够提供卓越体验、有凝聚力的组织。

3.3 环：一次简短介绍之旅

下面我会简要描述以体验为中心之环，后面的章节会详细介绍每个部分。环状模型的核心思想是，从体验出发，围绕环的不同部分进行发展，最终提供体验。在环上进行的阶段越多，就越有战略意义，从而确保组织能够从客户体验的角度制定战略决策。

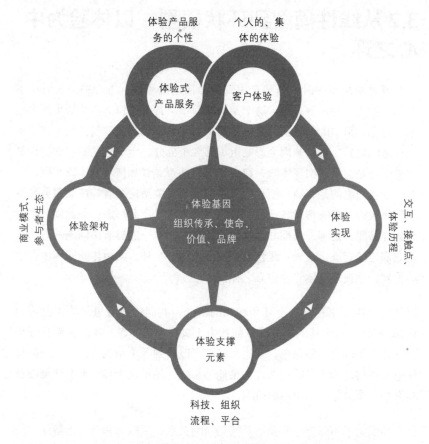

图 3-1：以体验为中心之环展示了以体验为中心的组织的关键组成部分，以及各部分的交互关系。这个环的所有部分都围绕核心——体验基因——展开

环可以从正反两个方向进行。一个方向是自下而上，体验是通过接触点实现的，接触点得到平台的支持，平台基于一个支持卓越产品服务的商业模式。另一个方向是自上而下，体验由产品服务定义，然后决定了商业模式（以及价值网络）。这个过程依靠技术（以及其他）平台实现，从而支持接触点实现体验，产出令人满意的结果。两个方向的行动同时进行，因此可以称为上下结合——同时存在自上而下和自下而上的过程。

3.3.1 以体验为起点

以体验为中心的组织不仅对客户体验具有像激光一样精准的认知，而且理解体验是组织的传承、使命和价值的完美体现。

在以体验为中心的视角下，一切都始于体验，也终于体验。从一个理想的体验（你想要客户得到的体验）出发，按照顺时针方向，从组织倒推理想的体验如何实现。如果能够这样做，那么将与优秀的企业同行。苹果公司和亚马逊公司都是从体验倒推来开展工作的，现在轮到你加入成功的行列中了。

在第 6 章你会读到更多有关体验的内容，在现在这个阶段，更关键的是理解以体验为中心的组织应该非常了解它的目标客户，能够通过客户的视角来看世界（详见第 4 章）。这样的组织既能理解作为个体的客户，也能把客户看作一个社区（详见第 9 章），以及文化的一部分（详见第 10 章）。

假如进一步剖析客户体验，就会发现其中包括客户在使用服务之前的预期（比如产品、口碑、评论等），以及在使用服务过程中的体验。感受到的价值和体验本身构成了一个闭环，两者都由包括传承、品牌、价值和使命在内的组织基因驱动。只有将这三个方面结合在一起才能实现客户渴求的体验。在设计客户体验时，组织必须把三者结合在一起考虑。这便是"体验金三角"（见图 3-2），组织想要成功，就要做好这个金三角——基于体验基因、体验式产品服务，以及客户体验这三者的交互。

"体验金三角"的最终成果就是体验本身，即客户在使用产品时经历的体验，但是会由他们本身的期望预先定义和描述。产品本身没有价值，只有在使用时才创造价值，即所谓的使用价值。客户拥有的体验就是体验投资的回报。

从只考虑体验到考虑"体验金三角"的转变是非常重要的。直到现在，客户体验仅仅被看作其他工作的最外层，是被割裂开考虑的。只有理解体验三要素如何共同作用形成客户体验，才能创造更强、更相关以及更具差异性的产品及服务，把客户体验贯彻到组织的核心里。

图 3-2："体验金三角"描述了和客户体验相关的互相关联的三要素，三者要一起考虑，缺一不可

诺玛（Noma）以及体验三要素

想象你开了一家餐厅，并且想为顾客带来一种超凡的体验，让人们不吝赞美，不远千里来寻求满足。首先，你要开始设计顾客会体验到什么：各种味道，他们看到和吃到食物的时候会有什么感觉，他们会如何向其他人描述餐厅，出菜的合适顺序是什么，等等。接下来，你要考虑什么样的产品服务可以实现这样出色的体验。如何和其他餐厅区别开来？与众不同之处是什么？还有，体验是否符合组织基因——用这个例子来说，就是餐厅创始人的使命。在做这些的时候，你会在三者之间来回考虑，比如一个产品提议有可能会改变体验，但也可能相反，即体验会改变这个产品提议。

诺玛这家位于哥本哈根的餐厅就实现了三要素的平衡，连续三年都是公认的世界上最好的餐厅，人们不远万里来到这里，只为品尝其食物。关于为顾客提供什么样的体验，该餐厅有非常明确的定义，而且也成功实现了这种体验。它的体验产品充满情感，非常理想化。基于当地食材，为食客提供了绝妙而新颖的菜式，它用自身经历，带着热情和渴盼让食客相信当地食物是非常卓越的。诺玛竭尽全力让顾客满意，也很清楚自己想要实现的体验。这种体验是对餐厅体验基因的清晰表述，结合了热情、理想主义以及改变食客观念的深刻渴望。诺玛是一个完美实现体验三要素的组织的代表。

这些问题环环相扣，因为三者相互影响，而且也应该如此。这三要素之间存在很强的相互依赖性，你应该投入时间、精力把三者做好。正如我们稍后会看到的，当你在体验之环上移动时，增强体验会产生重要的战略影响，所以要确保你对最终选择的内容很有信心，在最终实现之前要先模拟一下。只有当你非常自信自己提供了一些特别的价值时，才可以进入下一阶段：实现想为客户提供的理想体验。

3.3.2 在体验历程中通过接触点完成体验

客户会如何体验服务？只有在使用之后，体验才得以实现。在使用服务的关键时刻之前，客户只是带有自己的预期，你也只是做出了某种承诺。体验来自客户使用服务或产品过程中与多个接触点的交互。

例如，你要带某个人外出就餐，这个体验历程就包括多个阶段，包括确定邀请对象、选择合适的日期和时间、选择餐厅、发出邀请、做好准备、前往餐厅、进餐、付款、回程以及后续跟进。你可以把这些步骤跟你希望顾客感受到的体验结合在一起，设计体验历程：当顾客邀请他们的家人、朋友就餐时，你可以如何在体验历程中帮助他们实现目标？

通过这种方式就可以保证接触点的交互以及体验历程得到优化，兑现体验的承诺。在组织中，达成共识，支撑设想的接触点和历程的实现，是非常关键的。这是一个挑战，因为历程会带来一些跨部门的挑战。很多组织部门还没有习惯进行协作，其表现通常根据单一部门的工作评定，而不是根据跨部门的工作评定。

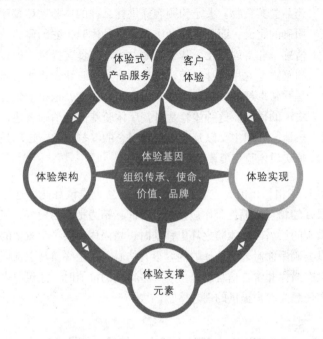

从安联球场的精彩的信息可视化图中，你将会看到实现一场足球比赛体验包含的所有人类接触点。协调数以千计的接触点，最终实现预先定义和想要的体验——一种专注于绿茵场上 22 个球员的体验。协调合作是关键。

梳子……不，你不需要任何梳子

有一次我从斯堪的纳维亚飞往美国时，行李延误了，我只能排队领取过夜要用的物品。当时的我既疲倦又沮丧，和其他人一起站在长长的队列里，我猜他们也又累又沮丧。当我终于排到最前面时，一位客户服务代表（主要接触点）接待了我，他很严肃，一点都不理解我的沮丧。他整理好各种表格，拿出一个袋子开始往里面装东西，一边放一边大声喊："牙刷、牙膏、肥皂、洗发水、袜子、内裤……"然后是"梳子"，这时他抬眼看了我一下，调皮地笑了，直到今天我还记得当时他说："梳子……不，你不需要任何梳子。"然后放了回去。

我们两个都扑哧地笑了，我不得不承认，作为一个光头，我并不需要梳子。

这个小插曲是我和客户服务代表共同经历的时刻，把糟糕的经历变成了愉悦的经历，让我的情绪从暴躁变为积极向上，给我留下了直到今天都没有忘记的体验，这都是因为员工不按常理出牌，在和顾客的互动中加入了幽默感。我永远都不会忘记。让员工能够脱离常规，建立企业文化支持这种随机应变（不过也要知道其边界），能够在服务中创造一些"惊喜"时刻，让客户体验从坏变好。

补充一点，上周我在家附近一家超市也经历了类似的事情。结账人员笑着对我说："你知道，我会根据顾客所买的东西来判断他们的性格。"经过短暂的交流，我不知不觉就穿过了人群。这些经历特别令人难以忘怀，因为它们用特别的方式打破了预期。

在这个阶段，组织应该问的问题包括：

- 我们希望客户拥有什么样的体验历程，才能让他们经历我们定义的体验？
- 应该提供什么样的接触点才能创造理想的体验？
- 当客户和接触点交互的时候，应该具备什么样的体验特点？
- 如何通过接触点表达服务？

提供体验时应该使用什么样的语调？第 6 章会更详细地介绍如何使用接触点，第 7 章会讲到服务的个性化以及说话的语气。

现在还是以用餐为例，更进一步研究用餐体验历程的第一步：选择用餐地点。接触点既可能是推荐餐厅的朋友、广告、标牌、网上的专业点评、应用里的评分，也可能只是回到了你最喜欢的地方。预订可能需要用到电话、网站、应用，或是亲身走进餐厅。到达餐厅的时候，也有多个接触点，比如餐厅的外部装修（你会仅通过装修评判一个地方吗？我会的）、内部装饰、迎接你的服务员、他们的衣着、他们说的话以及说话的方式

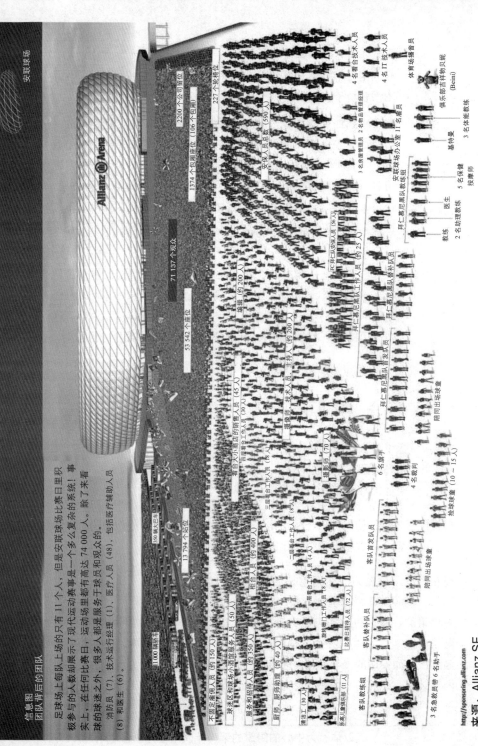

信息图
团队背后的团队

足球场上每队上场的只有11个人，但是安联球场却展示了现代运动赛事是一个多么复杂的系统！事实上，在任何比赛日，运动场里都有高达74 000人。除了来看球的球迷之外，很多人都是服务于球员和观众的。消防员（7），技术运行经理（1），医疗人员（48），包括医行辅助人员（8）和医生（6）。

来源：Allianz SE.

http://sponsoring.allianz.com

安联球场

Allianz Arena

71 137个观众

2200个公司雅位

1374个包厢座位（106个包厢）

227个轮椅位

53 542个座位

13 794个站位

安保人员总数（590人）

3名房屋管理员 2名物品管理经理

安联球场办公室 11名雇员

4名着台技术人员

4名IT技术人员

体育场潘畜员（Betri）

拜仁慕尼黑安保员（56人）

拜仁慕尼黑球补队员

拜仁慕尼黑球队教练组

俱乐部吉祥物贝妮

基特曼
医生
5名保健
按摩师

教练
2名助理教练

3名体能教练

150辆大巴

1 000辆轿车

不固定雇佣人员（约150人）

球迷区和球场服务人员（50人）

服务和招待人员（约350人）

厨师 厨师助理（约40人）

清洁工（30人）

乐配儿童俱乐部（11人）

比赛日招待人员（72人）

拜仁慕尼黑首发队员

技术人员（约200人）

主持人（约200人）

摄像师（70人）

退赛（8人）

三层看台工作人员（8人）

二层看台工作人员（8人）

一层看台工作人员（8人）

销售（约200人）

小吃零售人员（45人）

售台天小酒店的销售人员（30人）

圆屋着台工作人员（6人）

6名旗手

4名裁判

随同出场球童

捡球球童（10～15人）

3名教练带1名助手

客队替补队员

客队首发队员

随同出场球童

等。我可以列举很多，但大体如此。客户体验是在体验历程中和各种各样的接触点的交互中产生的，你无法控制这个过程中它们被接触的顺序以及接触方式。

问题的关键是，接触点是客户能够体验你的产品或服务的唯一途径，所以你应该选择或设计好接触点以实现承诺的体验。这并不意味着接触点是组织中最重要的一部分（虽然往往如此），但它确实意味着你必须正确处理接触点的工作才能提供正确的体验。

3.3.3 通过系统、流程、组织架构和平台实现体验

接触点及其在体验历程中的位置不能分开讨论，它们是由 IT 系统、组织架构、流程和平台支撑的。在这个阶段，主要的问题是："如何实现接触点以及理想的体验历程，保证客户能够持续获得好的体验？"回答这个问题让组织内部形成共识，理解各自的角色以及期望，专注成为一台高效、充分润滑的机器，以保证接触点能实现承诺的体验。可以优化各自的平台、架构、内部流程、奖励机制，以及聚焦体验的支撑功能。因此，总是要围绕体验价值进行基础设施投资，即平台如何赋能想要提供的体验？

在很多方面，这些体验支撑元素为接触点提供动力。体验支撑元素的功能类似于机械手表，互相啮合的齿轮按照内外分工，共同努力帮助接触点实现客户体验。举个例子，餐厅里带位的服务员，他们是正式的和非正式的组织架构中的一部分。正式的架构包括薪酬结构、等级制度、工作时间以及奖金机制。非正式的架构是指，在繁忙时段，同事之间如何互相帮助、他们互相之间是如何交流的、雇员是否能够根据需要灵活选择休息时间等。所有这些都会影响客户最终的就餐体验。这种架构会直接影响一个特定的决策，比如在向客户问候的时候，是按照规定说"先生晚上好，您今晚感觉如何？"或是更加随意地说"嘿，你好吗？你看起来已经准备好迎接一个美好的夜晚了！"所有这些体验都是在组织招聘、培训、选择特定话术（或者没有话术），以及内部文化的设计中实现的。

但也不仅涉及人事，还涉及技术平台。支付终端连接着预订系统、下单系统、厨房任务列表以及结账系统，最终的呈现是服务员递给顾客的账单，

并附上一句："感谢您的惠顾！祝您有一个愉快的夜晚！"或者说："很高兴认识你，西蒙！希望很快又能见到你。"（针对一些常客）

通过接触点实现体验非常重要，因为体验从接触点而来。假如要进一步扩展服务，体验支撑元素就更为关键了。即使有一个好点子、有非常好的体验而且努力工作，假如只是临时拼在一起，也不是一个长久的生意。很快，组织就会需要平台和架构来帮助提供客户想要的体验。因此很重要的一点是，这些平台能够为接触点赋能，而不是在实现体验时束缚它们。

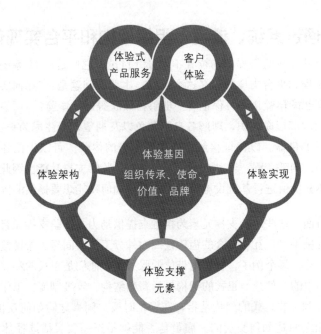

3.3.4 大架构的一部分：商业模式和服务生态

商业模式和服务生态从两个方面构成关键的架构。首先，定义参与者网络，确保从概念中创造价值。没有这个架构，产品服务只是一个有潜力的概念，是架构决定了其可行性。其次，推动体验支撑元素。体验架构发掘并开发价值流以及服务生态，在有潜力的体验产品、实现技术以及组织平台之间构建桥梁，以支撑接触点体验的实现。

有些关键接触点可能是由合作伙伴支撑的，这往往是一个战略性或是高度战术性的选择，往往基于组织所涉及的产品或服务的商业模式。以上述餐厅为例，这也许是一家具有特定商业模式和值得信赖的供应商网络的特许经营品牌。相反，小餐馆和其他专业的小供应商之间也可能存在战略合作，从而建立强大但又有风险的互相依存关系。这两个要素都会影响客户体验，当采取以体验为中心的方法时，应该基于企业的合作联盟以及商业模式来构思。以连锁特许经营来解决问题的选择就取决于是否符合组织想要提供的客户体验。

参与者网络是价值创造的核心，围绕生态系统的思考方式跟 20 世纪 90 年代流行起来的、由波特提出的价值链分析方法有所不同。体验不是通过价值链提供的，而是通过价值网络（一种由关系构成的生态系统）创造的，这种关系以组织和客户之间紧密的体验关系为中心。

建立创造双向价值的价值网络，才能实现卓越体验，原因有两个。首先，任何组织都无法独立实现这个目标。其次，需要识别客户在价值网络中的角色，绘制客户本身的参与者网络。此外，还需要创造一个合作模型，促进参与者参与到体验价值的创造中，也就是促进参与者之间的体验价值交换，这会成为你的商业模式的核心。

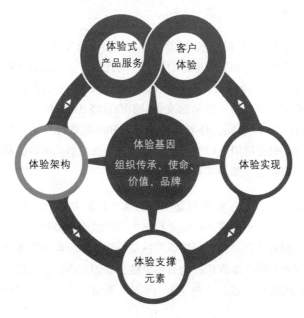

在架构层面上，参与者网络支撑一系列有效的平台，实现客户体验。商业模式定义了价值是如何在价值网络中创造和流动的，还定义了参与者网络强大的价值交换系统是如何为每个参与者创造长期或短期价值的。在这个阶段，客户是关键参与者，商业模式是所有参与者共同创造价值的商业模式。

3.3.5 价值循环：产品以及体验金三角

体验式产品服务，或体验价值主张（EVP）是服务的内容，可以分为两个主要部分：提供的内容和客户需要的内容。体验价值主张为客户提供了特别的、难忘的体验，在客户心中创造一种预期，而后通过和接触点之间的交互实现预期。

产品服务和体验之间有着密不可分的关联，因为产品服务是你向客户的承诺：当客户开始体验历程时，他们将获得什么样的体验。产品服务引导客户试用产品，并通过反复使用和企业建立关系。我们在后文中会看到产品服务如何成为体验的关键，因为客户在使用过程中，会不断对下一步发生的事情产生预期。通过创造对理想体验的期待，产品服务不断催生这种思维方式。

一方面，产品服务为客户提供体验（建立体验价值主张）；另一方面，产品服务成为商业模式和服务生态的源泉。与此同时，产品服务和体验本身要和组织的体验基因契合，这就回到了体验金三角（见图3-3）。做其他任何事情的话，要么是一种刻意改变组织的策略（这样的策略应当越少越好），要么就是一个错误。体验基因是客户和组织进行互动的基础，具有悠久的历史，也是组织逻辑的关键组成部分。改变组织的体验基因，或是刻意违背，都会是一条异常艰辛的道路。

产品服务的诞生经过了组织想要实现的客户体验和体验基因之间的反复磨合。组织想要实现的客户体验是什么？一个组织需要问：我们要生产什么样的产品服务才能提供目标体验？这是一种"体验拉动"策略。与此同时，组织需要把体验基因诠释为看得见摸得着的东西：什么样的产品服务才适合我们的组织？这是一种"基因推动"策略。这种类似"鸡生蛋、蛋生鸡"的磨合会持续到两方都达到最优，创造出既能承诺理想客户体验，又符合体验基因的产品服务。

产品服务构成客户期待的准绳，客户在与接触点接触之前就能产生与体验相关的理解。通过预先认知，体验式产品服务向客户承诺带来具有功能性、情感性、自我展现以及理想化等特质的利益，当客户展开体验历程时，这些利益会逐一兑现。

更进一步研究就会发现，产品服务主要通过和文化层面的关联为客户提供意义，比如潮流趋势或文化现象。意义和产品服务提供的体验之间的关联（详见第 9 章），是体验设计的关键环节，也是体验价值的潜在增强剂。

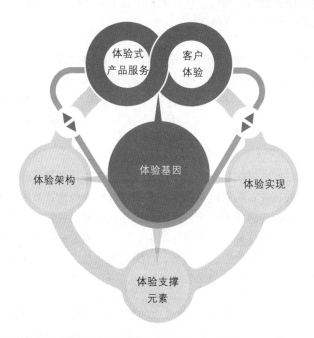

图 3-3：体验金三角既是体验中心之环的起点，也是终点

体验式产品服务标志着组织内部的转变，因为产品服务是商业模式和参与者网络的基础，借此才能变成一个有形架构。通过产品服务（及其承诺的体验）能够了解有哪些参与者需要参与提供服务，需要建立什么样的商业

模式以实现价值交换。

这便形成了一个闭环，把我们从产品带到体验。我们绕了一圈：体验由接触点实现，接触点由各种平台支撑，平台是更大的商业模式和服务生态架构的一部分，而整体架构又是基于产品服务的。

3.3.6 体验基因是以体验为中心之环的核心

我们已经快速地围着环转了一圈，描述了每个部分是如何协作的。但是我们还要考虑一个因素，即这一切的核心是体验基因（见图 3-4）。车轮有轮毂和连接中心和各点的轮辐。之于环，轮毂就是体验基因，在以体验为中心的组织中占据核心地位。你在组织创建发展过程中可能没有过多地考虑这个问题，但是它一直都在。

就像人类基因一样，组织的体验基因定义了组织的定位以及将如何发展，进而定义了组织能够（以及不能够）提供的体验。体验基因是皇冠上的宝石，它也许已经得到良好维护并定期进行了抛光，也许由于忽视而失去光泽，或是褪色。但是，它将始终存在，并定义组织的独特性（无论好坏）。

刚刚起步的时候，组织起源于一个特定缘由，往往是创始人的愿景。这也是组织基因的起源，随着组织创建、发展以及扩大经营，基因也相应地发展，并成为组织的思维和行为方式。组织基因的发展往往不受关注，通常任其自由发挥，但这并不意味着它消失了，只是不常被视为企业的首要任务。而今在一个由体验驱动的社会，组织基因将在以体验为中心的组织中发挥关键作用。

组织的体验基因是所有围绕在它身边的要素的基础。它是组织存在的理由，将组织传承、使命、愿景、价值、文化地位和品牌等集合于一体。

只有苹果可以成为苹果，只有谷歌可以成为谷歌，只有你可以成为你自己！对组织基因了解越多，就越能从竞争中脱颖而出。假如提供的体验和体验基因不匹配，轻则在客户心中的形象模糊，无法辨认，重则被客户认为无关紧要。从现在开始，协调客户体验、产品以及体验基因将成为主要任务。

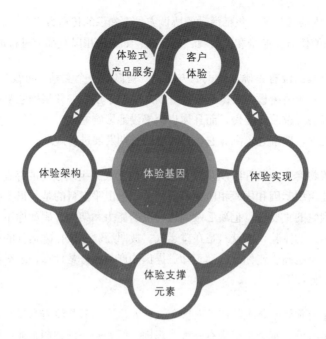

图 3-4：体验基因决定了可以或者不可以提供的体验。它会影响组织中的每个部分，位于以体验为中心之环的中心

体验基因可以被看作组织的潜力，也可以被看作企业对外展示的形象。它是外部视角（别人如何看待你的组织）和内部特性（组织架构以及功能）的综合体。体验基因无法直观看到，所以往往难以描述和讨论。只有通过探索历程，才能更仔细地理解它。这段历程包括下述步骤：

- 过往的客户体验：长时间积淀下来的客户期望和体验
- 组织的故事：最初的梦想以及组织的成长历程
- 组织个性的发展历程：在这个过程中组织如何和客户产生关联，客户又是如何感知的
- 产品服务的发展历程：随着时间变迁，产品的更迭
- 那些组织为客户所熟知并记住的特点
- 组织架构和运作方式
- 组织内的激励和奖励机制

- 组织内的信息流，包括活动的协调方式、知识的传递方式
- 组织的使命、愿景和价值观：是什么、如何应用以及如何进行沟通

总结体验基因没有正确或错误的方法，既可以是一个文档、可视化视图，也可以是一个情绪板。关键是要像好朋友一样了解它，并根据它来调整决策。美好的友谊改变缓慢，而且你也会慢慢地影响它们。对于体验基因也是同样道理，理解它，滋养它，并为它的长期发展进行规划。

这意味着将客户体验和组织基因相匹配，使之成为组织独特的存在（见图3-5）。使组织基因和体验相匹配看似简单，但出乎意料的是，很多组织没有意识到它的重要性，也缺乏做到这一点的能力和架构。假如你不了解想提供给客户的体验，那就只是在碰运气。按照经验之谈，碰运气的事情往往失败概率也高。连你自己都不知道提供的产品服务是什么，怎么能够要求客户选择你呢？

如果你觉得你没有强大的体验基因怎么办？也许你只是没有意识到，但是实际上是有的。每个组织都有强大的基因，假如是一家初创企业，那就创造属于自己的基因，我将在第 9 章和第 10 章进一步解释。

图 3-5：潮流品牌 next 于 1982 年面世，定位为激烈竞争中的一个崭新品牌。加入 "Since 1982" 的品牌描述，是用讽刺的手法来打造品牌身份以及体验基因。现在，几十年过去了，这一品牌越发成熟（它的顾客也一样），开始骄傲地标榜自己的资历。这一标签已经成了公司体验基因的一部分
来源：Next

3.4 打通体验之环，创新服务体验

以体验为中心的组织应该聚焦于开发和提供理想的体验，这需要不断地创新。惊喜和喜悦来自许多不同方面，后面会提到，不是所有惊喜都越大越好。尽管体验是最终交付的成果，但这并不意味着只能在体验层面创新。你要建立一种思维模式，考虑所有创新带来的体验价值。创新构想源源不断，关键是要识别出创新构想为体验带来的影响。

改善体验的同时降低成本

若干年前，一家大型电信公司邀请我为其降低客户服务的成本，同时改善其客户体验。听起来似乎不可能，但是当我开始对客户体验展开调研，倾听客户反馈时，发现这实际上是可以做到的。客户都希望能自己解决问题，他们需要的信息都在这家电信公司的网站上。问题的关键是如何把两者联系在一起。虽然信息本身非常好，但是糟糕的网站设计让客户无法找到想要的信息：它要求客户输入没人记得住的账号信息登录，客户难以找到想要的信息，菜单导航让人迷惑，网站上使用了过多技术术语等，问题层出不穷。这会让客户产生这样的想法："好吧，我想要的答案也许在这里，但是我永远都找不到，那就打电话吧。"因此，我提出了"线上优先"策略的解决方案，包括在产品上加一个带有网站短链接的标签，通过这个短链接直达相关页面。

来源：作者

涉及客户体验创新时，大部分人首先想到的很可能是体验和产品服务。但是体验产生于以体验为中心之环各个部分的协作，所以任何一个部分的创新都能够从根本上改变客户体验。举个例子，接触点的创新可以产生新的体验价值。优步（Uber）就是一个很好的例子，这家公司通过单一接触点及其支撑平台的创新，改变了全球出租车业务。支撑平台或是组织层面的设计创新，都具有创造更好体验的潜力。提高员工能力是组织创新的其中一个方面，当然，还有商业模式以及战略合作伙伴之间的创新，都有助于创新客户体验。

失败的例子不胜枚举，它们投入巨大，但却无法产生理想的体验价值（是的，我说的就是你十年前斥巨资购买的客户管理系统）。

> **"创新构想源源不断，关键是要识别出给体验带来的影响。"**

在以体验为中心的组织中，始终应该朝着改善体验进行调整，创新也应该从会改善或会削弱客户体验的角度，又或是能否以较低成本提供同样体验的角度来考虑。这里还有要注意的地方，即规模效应会缓慢地削弱客户体验，进而偏离最初的体验。我们都有过这样的经历，一家餐馆出名了之后，食物份量变小了，服务不那么细致了，食材缺乏惊喜了，就餐时间也缩短了。每个元素都会略微削弱体验，直到最后整个体验都垮了，餐厅里的人也越来越少。在以体验为中心的世界里，顾客会很快感知到这种细节的变化，并快速传播，餐厅很快就失去了体验的魔力，被顾客从他们最喜爱的餐厅列表里除名。假如你经常会这么想："做这个决定对客户体验的影响小到微乎其微，但是会影响到我们的底线"，那就仔细想想对客户小到微乎其微的影响是什么，真的是小到微乎其微吗？客户对体验的改变是非常敏感的，而且会持续地（不一定是刻意地）找到各种不再信任你的理由。不要给客户任何开始产生怀疑的理由，这就像火车一样，一旦开动就会一直往前开，产生负面想法最终会带来不可挽回的后果。信任非常脆弱，而顾客的承诺也是基于信任的，所以不要令其失望，也不要滥用。

北欧航空的体验基因及其面临的困境

北欧航空（Scandinavian Airlines）创立于 1950 年，缘于斯堪的纳维亚人的共同愿景：一方面受到北欧国家社会民主运动的推动，另一方面来自困难地形中的运输需求。北欧航空有自己的风格和魅力，以出色的客户服务体验著称，尤其是商务舱。公司领导人是国际知名的杨·卡尔松（Jan Carlzon），他带领着一个赋能员工的组织，大获成功。但是北欧航空变得过度依赖商务舱旅客，变得自满，并且在卡尔松离开之后放弃了组织最初的传承坚持。此后，不断放松的管制以及廉价航空公司的进入，使得这一问题越发严重。更多的市场竞争意味着整体体验的提升，因为大部分新航空公司开始使用数字化自助服务系统作为接触点，更重要的是，它们都是新飞机。北欧航空更换新飞机的周期非常长，这让它们一下子就显得古老陈旧，和乘客失去共鸣。最糟糕的是，北欧航空对待乘客的态度变得傲慢。由不同国家组成的所有权架构忽然变成了一个争吵不断的家庭，反映出各个国家不同的政治方向。这给企业重组带来了重重问题，并造成了巨大的经济损失。

近期为了和廉价航空公司竞争，北欧航空没有充分利用自己的体验基因优势，而是选择成为一家廉价航空公司，进入了一个不适合自己的竞争市场。北欧航空的体验基因和乘客真实感受到的体验截然相反，这从一位乘客的线上评价中可以看出：

这概括了乘客乘坐北欧航空的体验和对这家公司的印象：疲劳、苍老，没有任何让乘客满意的服务和诚意。

安息吧，你曾经也算是半个让人敬佩的航空公司。好在现在有其他新航空公司愿意让我们感到满意。

第 4 章

以体验为中心的组织的核心行为

本章主要介绍以体验为中心的组织的自然行为，你的组织可能已经存在这些行为了，那么读完这一章，就能确信自己是在做正确的事情。但是，你可能会发现需要培养一些新的行为，或是强化一些较弱的行为。如果是这样的情况，请继续阅读，本书其余部分会更详细介绍这些行为，以及如何在组织中培养这些行为。

4.1 既是路线图也是标杆

以体验为中心的组织的一些核心行为决定了组织的特点，并滋养其成长。某种程度上，组织向着以体验为中心的努力会顺势自然发展，就像飞轮一样自己运转。学习本章可以助力组织发展、监测发展进度，还可以比对查看自己的组织具有哪些行为。这些要点没有特定先后顺序，但毫无疑问最重要的是确定想要提供什么样的体验。

4.1.1 知道想要提供什么样的体验

以体验为中心的组织确切地知道自己想要客户拥有什么样的体验，还知道如何通过服务个性、语调以及体验历程的每个接触点实现这些体验。组织不断更新和调整体验，而且组织的所有成员知道在提供体验的过程中各自的角色。有关战略和战术的讨论往往聚焦于成员跟理想客户体验的相关性及对其的影响上。

4.1.2 多听，多看，站在客户的立场思考

以体验为中心的组织会倾听客户的意见，而不是只听自己想听的答案。还要意识到，要给客户惊喜、喜悦，就要积极主动去了解客户的需求，以及客户表达不出来的内在需求。以体验为中心的组织了解客户渴望什么，还具备应对和激发这些需求的敏捷性（见图 4-1）。

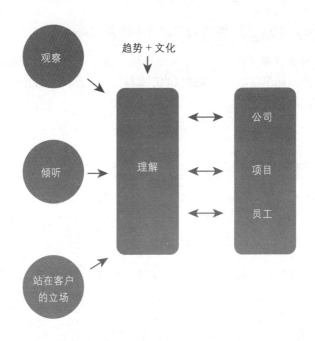

图 4-1：把这幅图挂在公司墙上作为座右铭：多观察客户、倾听客户，站在客户的立场考虑。在更高层次上理解客户，并应用到公司、项目以及员工中

在这样的组织中，通过对客户的全面了解形成对客户的认知，一旦掌握了这样的认知，组织就有信心不事事顺着客户的意见。因为你会知道，客户需求受到其他因素的影响，只有领先于客户，才能够带领他们——让他们渴望你所提供的产品。对客户了解越多，就越能领先于他们，并且确

信他们会跟随你。用阿提库斯·芬奇（Atticus Finch）的话[1] 来形容就是：
"要真正认识一个人，你需要穿上他的鞋子走路（意指站在他们的角度看
问题）。"

4.1.3 倾听客户，理解其背后的含义

即便你已经很擅长听取客户意见，还是需要发展发掘客户的话背后的含
义、理解他们真实需求的能力。你能够根据环境思考客户的言行，从中提
取有意义的内容。

4.1.4 客户相信你把他们的利益放在心上

你对客户非常了解，而且兑现了服务承诺，他们就能够感受到你的诚意
和善心。他们相信在组织目前提供的产品框架内，你把他们的利益放在心
上，并依此行动。这样建立相互信任以及长期关系，当事情没有按计划进
行或者出现问题时，客户的接受度和容忍度也会相对高些。

4.1.5 了解文化时代精神，并为之设计

时代精神是一个时代凸显出的特质。理解时代精神的特质，追随它的发展
和变化。你知道你的产品会如何得到社会接纳，并成为利用群体共性一起
分享、创建和体验的文化运动的一部分。

组织持续不断地参与潮流趋势发展，把文化趋势持续地转化为体验，同时
在文化发展中发挥更大的作用——组织会受到文化的影响，在一定程度上
又反过来影响文化。

4.1.6 员工和客户与组织的故事产生共鸣

你已经花了很多时间在组织基因的基础上构建一个故事，通过服务的接
触点来支撑故事描述，在和客户互动的过程中与客户一起不断更新这个故
事，认真聆听客户和员工是如何讲述这个故事的。这不是一个虚构的故
事，而是组织基因的载体，以叙述的形式进行传递和体验。好的故事说再
多次都不嫌多。

4.1.7 多元智能平衡

以体验为中心的组织能够平衡理性分析和创意，平衡实践和娱乐，同时关注情感方面的发展。鼓励组织及其提供的体验实现"多元智能"发展。组织把共情力作为核心的要素，不只是与客户的共情，还有在组织内部对每个员工的角色及其面对的挑战产生共情，才能实现成功的体验。

4.1.8 从体验反向推导

以体验为中心的组织都是借助以体验为中心之环，从体验反向推导。从最前线的员工开始，问自己："这些员工需要什么，才能实现客户想要的体验？"然后后退一步，继续发问："这个工作团队的人需要什么，才能支持每个前线员工提供体验？"最后再问："这个管理人员需要什么，才能支撑团队以及个人提供理想的体验？"把同样的问题应用到组织的平台和基础设施中："什么样的企业平台能够支持接触点提供理想体验？"通过这样的视角，术语"管理"被分解成一系列的任务、信任及对前线接触点的关注。

4.1.9 围绕体验形成统一战线

组织根据想为客户提供的理想体验形成统一战线，组织中的每个人都知道以体验为中心之环以及各自的角色是如何推动环转动的。内部的员工要进行轮岗，保证所有员工都能与客户接触一段时间，这样即使他们远离前线，也能理解客户体验的重要性。组织中的每个人通力合作以支撑最卓越的客户体验的实现。

4.1.10 具备清晰的责任和结构实现体验

在以体验为中心的组织中，每个人都有责任和动力去开发和提供理想的体验。员工被授权做这些，他们会认真对待自己的责任。首席执行官（CEO）负责客户体验，手下有一个由首席体验官（Chief Experience Officer，CXO）领导的支撑部门。与此同时，首席体验官负责协调体验的设计，并担任体验基因的守护人和保管人。

4.1.11 组织是象征性的

你要了解一些特定对象、行为，以及与客户的交互具有的重要意义，并能够把它们运用到设计中。与此同时，对文化的认知会增强这些象征性对象、行为，以及交互的意义。和竞争对手相比，客户对你的产品有更丰富的体验，这也增强了他们生活的意义。

4.1.12 体验历程是组织的生存之本

体验历程为历程结构增添了一个情感层，而且你也找到了组织自身的创造体验历程的方式。用笑脸来描述客户体验已经是过去时，现在的状态更具体，描述客户在历程中每个阶段应该有的感受以及如何使之实现。你会持续雕琢体验历程的情感曲线，总是止不住要去改善和推敲，这里稍稍修一下，那里略略改一些表述。对细节的极度关注能够培养员工的主人翁意识和对完美的共同渴望。

4.1.13 目标的真实性

你有一个具有真实性的目标，可以用组织基因和客户体验之间的透明性来表示。这种透明无论对员工还是对客户都是清晰可见的，可以让大家的工作、生活都更加轻松。当事情无法按预期进行时，还能鼓励客户在服务中断时谅解员工。无论是雇员还是客户度量都很大，这种宽宏大量源于简单，而简单则在于目标的真实性。

4.1.14 品牌成了品牌体验

品牌一词已演变为品牌体验，因为组织专注于把自己的体验基因转译为越来越好的体验。品牌目前专注于实现体验及和客户的互动，并在创新项目中发挥更大作用。

琳恩·亨塞克（Lynn Hunsaker）是 CustomerThink 的荣誉作者，还任职于客户体验专业协会（Customer Experience Professionals Association）的董事会；自 20 世纪 90 年代初起，她就一直在《财富》（*Fortune*）250强企业中从事客户体验转型相关工作。她发现组织过于关注竞争对手在做什么，以至于忘了考虑自己可以且应该为客户提供什么。

假如分析迪士尼和其他在客户体验方面处于前沿的公司，就会发现客户体验渗透在组织的方方面面，它们存在于组织基因中。客户体验的整个理念就是兑现组织的品牌承诺。人们总是想找到解决客户体验的灵丹妙药，但这是不存在的。

首席执行官是负责客户体验的最重要角色，假如首席执行官和首席体验官没有达成共识，那么任何转变都不会是最优的。

改变每个部门割裂的工作方式是客户体验管理的新前沿。一旦开始使用体验历程，就会发现各部门割裂的工作方式导致了很多问题，需要找出方法去驾驭这些问题。我用的是"驾驭"这个词，而不是"打破"，因为这些部门有存在的必要，但它们需要联结在一起，保持协作的态度是很有必要的。对从来没有聚焦于体验的组织来说，这是一个真正的挑战。

> **"改变每个部门割裂的工作方式是客户体验管理的新前沿。"**

我倡导一个可以称为"客户体验基因"的三步方法论。主要包括三个互相交织的元素：

1. 管理层达成共识

2. 所有人一起参与

3. 价值最大化

当公司开始进入变革时期时，往往会过分专注于价值的最大化，而忽视所有人的共同参与以及管理层共识的达成。假如组织解决了第一点和第二点，那么第三点也就迎刃而解了。

"人们总是想找出解决客户体验的灵丹妙药，但这是不存在的。"

关键是组织要了解想要为客户提供什么样的体验，最理想的出发点是设计希望客户感受到的东西，假如你可以说出"我们希望客户可以感受 A、B 和 C 的感觉"，那你就有了可以为之努力的目标。如果不知道客户想要的结果是什么，那么就无法创造实现这个目标的服务。

品牌体验、客户体验以及员工体验要结合在一起。不幸的是，很多情况下，（组织）都脱离了这些要素，但又觉得要承诺些什么，所以只是开了一些空头支票，这就导致信任度下降，而且会进入恶性循环，信任度不断下降。讽刺的是，客户体验经理的想法往往和客户的想法背道而驰。

4.1.15 通过创新概念和开发体验原型不断发展

开发未来概念服务是参与更广阔的社会文化的方式之一，但是开发出来的大多数概念服务都是为了在组织内部达成共识、进行融合，并最终创造一种注入客户体验的组织文化。你已经具备基于持续考虑的创新产品来开发新体验原型的技能。你很自信组织的创新渠道非常适合组织目标的体验路线图。

4.1.16 做"概念车"应该成为第二天性

汽车行业一直有开发"概念车"的传统（见图 4-2），随着时间流逝，人们发现这不仅是一种和外部潜在客户群沟通的方式，也是和内部进行沟通、为组织变革做好准备的方式。以体验为中心的组织明白，在组织内开发类似于概念车的模型，是推动组织走向（高度围绕体验的）未来的一种方式。

图 4-2：1938 年生产的别克 Y 型（Model Y），是世界上第一台概念车。自那时起，概念车就成为推动组织前进的手段，到如今，概念车的开发既可以为组织变革做准备，也可以吸引外部客户。以体验为中心的组织理解这一点，并能够开发概念服务作为一种组织和市场层面的创新（哈利·厄尔和"别克 Y 型"，来源：雅虎网络相册。）

4.1.17 利用设计去探索和理解世界，失败但持续向前

有关研究表明，设计师通过解决问题来理解问题。通过反复试验试错的过程，设计师尝试用不同解决方案来确定是否有解决问题的可能，并且更好地理解什么可行、什么不可行。这种方法名为"快速犯错，快速向前（failing fast and forward）"，是一种对新问题领域以及潜在解决方案的快速理解和学习的方式。在设计中会遇到很多次失败，不要拘泥于任何一个解决方案。在项目的早期阶段，可预料到它们很可能都会失败，也因此你才能找到可行的方案。

调研人们家中的简单和困难之处

当我与设计公司 Livework 合作的时候，目标是简化客户保险，我努力去理解对于客户来说，"简单"意味着什么。其中我们探访了客户，并给了他们两种卡片：一种写着"简单"，另一种写着"困难"。

我们让他们在家里四处走走，然后让他们指出身边的物品哪些是容易用的，哪些是难用的。这些卡片帮助他们集中注意力，一项项甄别家里的物品。

调研结果改变了整个项目对于简单和困难的看法，改变了设计方向，最终形成了一种新的保险政策设计。

来源：作者

克里斯蒂安·贝伊的观点

克里斯蒂安·贝伊（Christian Beil）成功地把设计思维引入一个极大型的组织。他是德国巴斯夫（BASF）公司的高级创新设计专家，在负责发展和创新的管理顾问组工作。

从巴斯夫的角度来看，实现彻底变革有两个主要的融合角度。首先，越来越多的人关注大局环境；其次，数字化和平台化能够从根本上打开新思路。这两个角度是很好的触发条件，可以从根本上触发创新体验产品。

传统面向企业的公司（B2B）在以客户为导向方面要远远落后于面向客户的公司（B2C）。我们全新企业战略的目标是，使客户成为全球领先的化工公司。我们希望在整个组织中强化对客户的热情，因此需要进一步实现以体验为中心。很多在巴斯夫工作的员工以为只是向左向右的微调，但实际上，这意味着提供截然不同的服务。随着新战略的实施，这种意识将在巴斯夫发挥更大的作用。

巴斯夫的核心竞争力是出色的化学家以及研究的专业知识。作为一个组织，我们需要找到以客户为导向和以技术或产品为导向之间的平衡。我所见到的现实是，大多数的化学家不知道如何发掘客户需求。他们的职业训练让他们有不一样的思维方式，所以需要帮助他们去理解客户，产生一定理解，我所在的团队就是做这样的事情。

在战略层面，需要对整个公司进行培训；在组织层面，需要对中层管理人员进行更多的培训以使其理解客户。聚焦客户需求能够理解客户的关键需求。现在，大环境已经发生了变化，新的生态系统中客户扮演着不同的角色。从客户体验角度来看，共情力很关键。问对问题，进行反思，把发现转化为吸引人的产品，是我们想要努力实现的目标。

我们做了很多的共情设计，走出办公室去调研需求和痛点，和客户生活在类似的环境中，跟踪人们去提水，等等。在孟买，我们的团队和非营利机构合作，在贫

> "从客户体验角度来看，共情力很关键。问对问题，进行反思，把发现转化为吸引人的产品，是我们想要努力实现的目标。"

民窟里和当地家庭同住，去了解还可以做些什么才能加深理解。在那里，我们开发了一个使用微支付的"自动提水机"，作为一种客户导向的解决方案，为人们提供洁净的饮用水方案。这个方案很受欢迎，这是一个很好的例子，它体现了从聚焦产品到创造出一种可提供的服务的转变。

新的商业模式具有巨大的潜力，因为它是基于以服务为基础的客户导向思维的。一个涉及可持续性的例子：农业化学品市场中大部分是杀虫药和杀真菌药，非常容易出错。我们和巴西的马铃薯种植者合作，发现假如能够遵循巴斯夫的专家们的意见，农民们能够在减少化学品的用量的同时提高产量和质量。这一模式发展成为一种新的基于服务提供新产品的商业模式。农民们不是在支付化学品的费用，而是购买了一项服务，包含关于何时喷洒什么的建议、产量数据、登录巴斯夫的追踪平台的权限，还有接触愿意购买通过可持续方式种植的作物的潜在马铃薯买家的机会。虽然这会蚕食巴斯夫的销售额，但是价值主张非常有吸引力，将会成为巴斯夫的长期优势。换句话说，巴斯夫不是在销售产品，而是在提供更高的产量、更好的质量和更多的市场准入服务。

4.1.18 组织和客户都很乐观

当设计和提供令人难忘的体验成为组织的核心任务时，自然就会努力提供更好的体验，始终致力于改善现状。这在组织中形成一种直接改进的文化，并反映在市场中。

客户可以分享并支持这种乐观和信念。通过和组织交互，他们能够感受到这种力量，因此当事情不能按预期进行时，他们也更容易接受。乐观和信念能够转化为容错度和忠诚度，以及改善客户体验的良性循环。

4.1.19 持续关注客户经历的多重体验

组织会意识到，真实的体验、通过与接触点的直接交互获取的体验、事后回忆的体验，以及和其他人分享的体验之间是有差异的。组织非常理解这些体验的差别，并对各种体验都进行持续的关注。与此同时，你不会在组织中利用单一专断的指标，因为你会用自己的洞察力平衡组织所有层面的不同见解。

4.1.20 魔鬼和上帝都在细节中

组织能成功地把整体产品服务和客户交互中的细节结合起来，使之与组织的体验基因结合在一起。这会创造一种整体大于部分的体验。

组织需要明白，产品服务对于客户来说是一个提供体验利益的整体承诺，是通过和不同的接触点交互来实现的。你理解这一点，也知道过分抠细节需要花很多功夫。与此同时，你也知道做对了的话，客户会有很多乐趣。

4.1.21 具备感官取向

在服务的接触点，积极而明智地触及五种感官感受，以实现想为客户提供的体验。在多数交互中，视觉感受是非常强烈的，当然你也会使用其他四种感知方式。

4.1.22 人们知道你不做什么，正如知道你做什么

选择在正确的基础设施、正确的组织变革和正确的创新项目上进行投资以推动组织发展，更多的是在于对不同选项说"不"，而不在于说"是"。投资项目的可能性有无数种，以体验为中心的组织只会投资在可以改善客户体验的项目上。这意味着更经常说"不"，更少说"是"，并且不断质疑一项投资将如何改善客户体验。

4.1.23 设计思维是组织的核心能力

组织不断努力改变现状，总是在寻求创新飞跃。也理解要在组织现存的技能组合中加入设计思维 [2]，并使之成为组织的核心能力。在所有以体验为中心的组织中，领导层都具备设计思维，这是在不断变化的情况下进行持续创新的方法。

溯因思维

最新的设计研究发现，设计师使用一种鲜为人知但是非常重要的思维方式，称为溯因逻辑。我们一般都会想到归纳和演绎逻辑，溯因逻辑是第三种重要的推理方式。溯因逻辑思考的是事物应该是怎样的，而不是事物目前或过去是怎样的。这种逻辑可以应用于所有学科中，设计师是特别接受过这种训练的。他们不关注事物目前如何，而是展望未来会变成什么样子。这是一种能够产生新假设的基本思维方式，也是创新的核心。当和可视化的能力结合在一起并据此创作原型时，溯因思维就是一种核心的创新能力。

4.1.24 做对的事情，而且把事情做好

以体验为中心的组织理解匹配服务产品和自身体验基因的重要性。与此同时，关注细节保证体验愿景融入接触点和交互的落实中。这既是在做正确的事情，也是在保证把事情做好，两者密不可分，而且灵活的工作方式对于以体验为中心的组织至关重要。要做正确的事情就需要缩小范围，问对问题：作为组织你提供的是什么？在移动设备和社交网络盛行的年代，银

行业意味着什么？当患者花了两天时间上网搜索有关自己患的病的情况，而且比医生了解得更多时（在某些情况下），应该如何提供医疗保健服务？不断询问这个层次的问题，是一种寻找根本性创新、探索体验未来的积极态度。以体验为中心的组织必须不断努力，改善产品服务质量。同时努力把事情做好。放大每一个细节，并且理解如何保证细节的实现，这种在宏观和微观视图之间切换的能力是以体验为中心的组织的核心能力（见图4-3）。

图 4-3：放大和缩小视野分别专注于功能和情感层面，是以体验为中心进行创新的典型方法。在此过程中，组织在开发新产品的时候需要缩小视野，聚焦细节以及每一个接触点的体验。同时关注功能价值和情感价值

 做对的事情——把事情做好要花功夫

如果你有一个小时来拯救世界，你会做什么？据说这个问题是多年前爱因斯坦（Albert Einstein）提出的，他的回答是："我会花 55 分钟定义问题，然后花 5 分钟解决问题"。无论这是不是真事，这句话说明，完全理解项目的背景是找到解决方案的重要一环。在项目开始的时候，有些组织对问题的实质几乎一无所知，但却做出了关于问题解决方案的重大决策。因此，最重要的是快速、广泛地理解问题所在，尤其是关于客户方面的，这是一种低成本的降低风险的方式。

对创新过程的研究表明，创新项目的第一阶段能够极大地影响最终产出以及实际成本。但是很多团队常常跳过这一步，很快着手开发产品。项目的初期一般占项目生命周期的 8%，但是

却会涉及决定项目 80% 成本的决策。早期的决定是关于方向的，而不是关于细节的。做好关键的第一步能够改善项目生命周期剩余 92% 的使用方式，降低失败的风险。一旦意识到这一点，就能理解为什么有必要在开始的时候进行彻底的思考。

4.1.25 视觉群组，协同设计

协同设计是你经常使用的工作方式，因为你知道任何创新都会以某种方式影响整个以体验为中心之环。通过让环上各个部分的代表共同努力，你可以加快开发和实施的速度，减少实践过程中可能出现的问题。

组织倚重视觉图示工作，在讨论过程中同时画出草图来阐明想法，降低误解的风险。通过可视化的操作，表现出组织愿意倾听、理解以及设想解决方案落实之后会怎么发挥作用，并很好地向大家传达这个理念让大家都可以理解。公司鼓励所有职能部门通过可视化方式沟通（包括高层会议）。

4.1.26 鼓励"酷猎"体验

鼓励同事们下班后也把新鲜、激动的体验分享给其他人，既可以创新产品服务、接触点、平台，也可以创新架构。这样可以推动形成一种寻找和讨论新的、有价值的解决方案的文化。组织以分享并从中学习为目标，对创新十分热忱，这是酷猎（coolhunting）的最佳体现。酷猎是一种正式或非正式的组织架构，说正式是因为它提供了一种促进和奖励分享的手段，说非正式是因为它注入组织中，成为组织功能的一个自然组成部分。

酷猎走走风尚（ZOZO）

我的一个同事发现了走走风尚（ZOZO.com）这个网站，很快就在办公室里分享了这个发现。走走风尚在产品服务、接触点以及具体的交互方面，都极具创新性，是网上购买衣服的一个重要的体验变革，它们为很多穿标准码成衣不合身的人提供服务。我们很感兴趣，想尝试这个服务，同时也开始讨论将智能手机用作 3D 扫描仪的可能性。在设计社群里，经常有很多新的关于体验和产品服务的分享，这在项目和日常工作中可以激发很多新思考和新发现。也许你的组织也应当如此！

来源：走走风尚网站

4.1.27 以自己的方式模仿电影世界

你理解电影的心流体验，并会想按照自己的方式进行模仿。心流（flow）是心理学家米哈里·齐克森米哈里（Mihaly Csikszentmihalyi）于 1975 年首次提出的术语，用于描述在任务中全身心投入，以致忘记了时间和空间的状态。电影具有跟服务类似的特性，传达一种强烈的体验信息，需要庞大的多学科专家团队进行合作才能提供体验，具有高度的复杂性，受到技术、预算，以及不同明星的个性等方面的约束。

改变跟客户接触的心态

想象这样的场景：在一家位于斯德哥尔摩的全球电信公司的总部（具备以客户为中心的理念），当一位客户带着抱怨走进门，办公室里每个人都突然开始忙碌，或是装着很忙，所有人都不想去解决这个"麻烦"。

这是我们在瑞典创办服务设计学院时面对的现实。学院旨在帮助组织提高聆听客户的能力，在一个精心设计的课程中，我们希望将重点从"你有什么问题？"转向"什么对你最重要？"，向组织传授倾听的技巧，并培养对于与客户接触的真正热爱。

课程和工作坊大获成功，过了几个月，我们也了解到事情发生了变化。现在，当一个客户来到办公室，员工都争着和他沟通。原因是什么？心态改变了，愿意倾听，并且更具主动性，主动根据情况采取行动，改善情况。听取客户心声的文化让企业发生了改变。

此外，你还意识到电影和文化紧密相关，能够适应当下的流行文化。你的服务也不断完善以达到同样的目标。

升职会让你远离客户吗？

我发现一个现象：通常一个人在组织中的职位越高，他们与客户之间的距离就越远（不一定是他们不喜欢客户，只是接触少），也变得越来越脱节。冰冷的数字取代了常规的客户联系，替代了客户的真实意见，缺乏感情。我不确定是为什么，也许是他们太忙了，慢慢就不再联系客户了；又或者是，他们庆幸终于可以不用和那些"讨厌的客户"交流了。丽莎·费瑟斯通（Liza Featherstone）在 *Divining Desire: Focus Groups and the Culture of Consultation* 一书中，解释了为什么所有人都讨厌焦点小组。参与者、主持人都感到尴尬，双向镜背后的人不想听参与者说什么；往往要对从焦点小组收集的反馈持谨慎态度，因为你不能信任人们在这样的情形下说的话。为什么公司和客户之间存在不可逾越的鸿沟？我觉得是因为组织不善于倾听，坐下来倾听实在是太陌生了，对于一个活跃而忙碌的组织来说，坐下听客户说话实在太难了。

4.1.28 避开好看的数字陷阱

了解客户体验不能只通过指标和数量来衡量，而是要务实地利用数据资料，并带着批判的眼光看待数据。不要让进入"数据舒适区"成为你远离客户的方式，而要利用客户数据把客户引入组织中。

4.1.29 不害怕违背客户的想法

要有信心和经验去超越客户的预期。因为客户通常只能说清楚他们知道的事情、已经存在的事物，你也尊重他们预知未来的能力有限，你也一样。有时候你需要用不同的方式和客户交流，以更好地了解他们的生活，而不是他们想要的东西。

4.1.30 创造意义打开新市场

你会思考更广泛的文化议题，不怕去问自己：客户和文化输入的更深层次含义到底是什么。你理解人们正在寻找生命中的意义，而且努力为客户开发有意义的体验。之所以这样做，是因为你知道创造意义意味着打开新的市场，创造的意义未来会转化为忠实客户和长期的客户关系。

设计师克里斯托弗·贝利如何从体验视角变革巴宝莉

克里斯托弗·贝利（Christopher Bailey）从美感和收入两个角度变革了巴宝莉（Burberry）。巴宝莉是一个传统的雨衣品牌，2001 年它已经成为小报的笑料，贝利为品牌打造了新身份，把巴宝莉的风衣变成了抢手而且利润丰厚的单品，当贝利向全世界介绍巴宝莉的故事时，这件风衣也成为推动情节发展的重要道具，把品牌塑造成闪闪放光的、浪漫的现代英国风情代表。

但贝利不只是一位服装设计师，还是巴宝莉的体验总监。2009年，当巴宝莉入驻位于马渡大楼的全新总部时，贝利重新设计了每个现代细节，甚至包括食堂供应的矿泉水瓶。他雇用了一些曾在游戏公司工作的员工，并且会走到不同楼层去和程序员坐到一起；他在地下室的摄像和录像工作室里监工，在那里可以直接拍摄产品，并在几分钟内上传到巴宝莉的网站。贝利成为上市时装公司中第一位同时被任命为首席执行官兼首席创意总监的设计师。

来源：雅虎网络相册用户 atomtesuwan 和 Creative Commons

2008 年，巴宝莉成为第一个直播时装秀的品牌，如今设计大牌都这么做了；它是最早使用社交媒体的品牌之一、第一个充分利用色拉布（Snapchat）价值的时装品牌；它是第一个在苹果音乐上设立频道的时装品牌；2014 年，它成为首个可以在推特上进行购买的品牌；更出名的是 2016 年，贝利引入了"即看即买"的概念，改变了高定行业的发布日程安排：消费者看了走秀之后能够直接购买相应的服装，而不用等六个月。

贝利对巴宝莉的变革是以体验为导向的，由让人渴求的产品作为助力。这个例子表明清晰的体验愿景能够在不同领域启发和启动创新，由此创造更大的商业价值。

4.2 尾注

[1] 因为哈珀·李（Harper Lee）在 1960 年出版的 *To Kill a Mockingbird* 一书，阿提克斯·芬奇（Atticus Finch）成为许多读者的道德偶像。

[2] 设计思维是一个术语，用于描述设计师如何拆解问题，找到解决方案。起源可以追溯到 20 世纪 50 年代工业设计作为一门独立的学科出现时，直到 2008 年由艾迪欧公司（IDEO）的创始人之一蒂姆·布朗（Tim Brown）在 *Harvard Business Review* 上发表的一篇文章"Design Thinking"中提出。

第 5 章

按照以体验为中心来组织

卓越体验应该是由整个组织提供的，所有人都参与其中。这一章主要描述如何基于正式或非正式的组织文化来塑造组织。这会涉及把设计以及设计思维整合进组织变革中，展示如何设计组织逻辑使之符合想要提供的体验。本章还应用设计思维原理，引入组织原型设计的概念，这样就能够对组织进行变革，就像通过设计带动创新一样。

人们一般认为服务创新是把组织能力、工作和思维方式应用到创造价值中。本章将介绍组织要实现以体验为中心所需要发展的新能力、工作方式以及思维方式，还引入设计思维作为"体验思维"和"体验实践"的基础，其特点是把客户体验放在核心位置，以客户为中心、具有视觉意识和文化意识，协同合作，保证提供高效而有序的服务。发展以体验为中心的组织是一项团队项目，所有人都要参与其中。

看电影片尾致谢名单时，能够发现有多少人在一起工作才提供了刚刚过去的数小时里你享受到的体验。名单中还包括那些间接参与制作的人员，比如会计和财务人员，因为大家知道电影是投入巨大的集体努力的成果。同样的思维方式也可以应用到组织中：每个人都参与其中，每个人都必不可少。不要忘了你的客户——无数组织设计都会忽视客户，多么奇怪，似乎他们不曾存在。这种思维方式让所有员工以及客户都成为利益相关者，的确，以体验为中心的组织是通过共同设计、共同创造来发展的组织。

客户体验是提供该体验的组织的体现，以体验为中心的组织需要一种体验式的思考和行动方式作为其基石。整个组织的架构需要支持给客户提供的服务，并在其中发挥作用，因为整个组织都参与体验的生产过程。每个人都为客户体验做出贡献，每个人都必须感受到自己所做出的贡献。这意味着既要有部分主人翁意识，带着自豪感，还要对自己的角色在这个过程中的作用有所认识。

要以体验为中心，需要设计与客户体验相关的新组织逻辑，这也是本章的主题：需要怎样改变，才能将现有组织逻辑转变为以体验为中心的组织逻辑。

5.1 做你所爱的事情，爱你所做的事情

伟大的行为动机研究者特蕾莎·阿马比尔（Teresa Amabile）[1] 有一句口头禅：人们在做自己喜欢的事情，而且热爱自己所做的事情的时候，才最有创造力。著名的心流学家米哈里·齐克森米哈里（Mihaly Csikszentmihalyi）[2] 也有类似的观点，他把心流状态描述为完全专注于当下的任务，忘记了时间和空间。两个解释都与以体验为中心的组织相关，因为卓越的体验来自有内在动力且专注的雇员。

为了实现必要层面的统一、融合和协调，重要的是让人们感到自己是更高理想的一部分，具有对客户体验的主人翁意识，这需要两个要素：

- 组织员工要具备内在动力，成为体验大计的一部分（也就是说，每个人都认同组织的体验使命）。
- 建立合适的工作方式和工作架构，让每个人感到在组织中有能力以最佳方式做出贡献。

这就是为什么组织的目的要清晰真诚。越清晰，越容易吸纳新人，激励他们，发展出有关架构去帮助支持他们。此外，真诚的目标让员工进行自我选择，与组织目标不一致的人自然会选择离开。如果人们在工作中做自己喜欢的事情，并且能够热爱他们所做的工作，那么组织就能够运作良好。

5.2 谁负责客户体验

在组织内讨论谁来负责客户体验是非常重要的，需要尽早确定。客户是体验的所有者，是因为他们要去经历，他们对体验价值的感知非常关键。同时，组织中的每个人都应该理解自己对体验的贡献，并拥有一定的主人翁意识。

从组织的角度来看，需要明确谁负责保证体验顺利实现，谁负责体验的设计——这是两件不一样的事情。首席执行官（CEO）负责确保体验得到了交付，确保组织达成了共识。首席体验官（CXO）负责体验的设计，类似于电影导演，负责开发体验创意和设计，更多是创造性的责任。和电影导演的艺术范儿不一样，首席体验官必须在可行性、价值性和可取性之间进行平衡：换句话说，体验得是能够实现的，能够创造共同价值的，也是客户渴望的。这是一个至关重要的位置，要认真挑选首席体验官，因为这是一个诠释性的角色。体验导演根据组织基因以及市场特质进行诠释，发展出体验愿景。首席执行官是一个关键的合作伙伴，负责把这个愿景和其他领导层成员一起付诸行动。

首席体验官和首席执行官之间的合作非常重要，和其他领导层之间的关系也很关键。他需要和团队协作，受到团队的欢迎。这个新角色的状态，以及和其他不同团队成员之间的互动，将决定组织刚开始进行的变革的成败。

5.3 设计组织逻辑

组织逻辑一词表示组织的工作方式，包括组织中的思维方式、信念和做事方式。[3] 每个组织都有自己独特的逻辑，虽然不容易进行描述，不过它们始终存在。假如有人说："我们这里不是这么做事的。"他们说的是组织使用的一种逻辑，但也许从来没有明确定义过。组织有多种逻辑，而且很可能都不是以体验为中心的，这意味着你要对它们进行变革了。

组织逻辑是系统化的、结构化的和文化性的。之所以是系统化的是因为组织是基于许多系统的，每个系统按照特定的方式设计，然后组合在一起来实现特定目标（比如有些逻辑是用于定义这些系统要实现什么，要做什么）。之所以是结构化的是因为组织由治理结构和规则构成。之所以是高度文化性的，是因为它们是基于信念、期待和价值的。文化逻辑与组织的存在动机和目标密切相关，因此也是组织定位的核心。这几部分是体验基因的重要组成部分，识别和改变它们是非常重要的。

系统、结构和文化逻辑结合在一起，共同定义了组织的思维和工作方式，随着时间的流逝，发展成今天的样子。这些逻辑在组织中具有特殊意义，但是却没有得到认真思考，因为它们一直只是默默存在着。当你开始在组织中工作时，你会感受到它们；当周围的世界开始变化时，需要对它们进行变革。当组织朝着以体验为中心的方向进行变革时，你需要设计新的组织逻辑，认清组织现有的逻辑，为变革进行规划。在变革过程中，需要更多地专注于文化层面，因为客户体验一般是组织内部文化的反映。结构层面应该被视作理想文化的支撑，也是想要实现的体验的支撑。

前面我们谈到组织要具备提供正确体验的能力，内部保持协作，对体验具有共同的主人翁意识，在整个组织中注入体验思维。所有这些都是组织逻辑需要具备的核心组成部分。

具备象征性关注点的重要性

体验和情感、意义、感觉相关，所以组织逻辑的象征意义尤为关键。这是我特别强调领导力、领导行为的重要性的原因，在第 9 章和第 10 章中会看到，以体验为中心的组织会对文化意义采取行动，并与之结合在一起。组织的每个行动会通过文化视角进行分析，并被赋予符号意义。假设领导层把自己的办公室设置在客户呼叫中心那些服务员工的中间，就能够体现客户服务在组织中的角色和重要个性。如果哈雷摩托（Harley Davidson）的首席执行官参加一场养猪市集，哈雷的员工和养猪场主就都会意识到该公司多么看重客户和摩托车文化。如果公司里的一位员工为客户不惜一切付出努力，这个故事在公司里得到传颂，这就体现了公司对客户体验的专注。这些事情既影响了组织，又揭示了组织的关注点。

作为峡湾公司的首席执行官，奥勒夫·谢柏格森（Olof Schybergson）非常了解数字化变革。峡湾公司是埃森哲互动公司的一部分，目前在全球27个办事处有上千位设计师，是世界上最大的设计和创新咨询公司之一。奥勒夫坚信，设计是一种战略资源，将在全行业变革中发挥重要作用。

问：请你谈谈走向以体验为中心的变革。

答：我认为很多首席执行官面临的根本挑战之一是如何重新找到企业的方向，实现以体验为中心；如何从工业化僵硬模式的企业，变为更灵活、更有活力的企业？

要在一夜之间用新模式换掉整个老模式基本上是不可能的，当然也不能一直停留在老一套中，忽视新模式，或是一下子就跳到新模式。需要细心、有技巧地转移，转移过程也需灵活，时刻要

"触发因素各有不同，但是最重要的问题是涉及企业生存的，比如如何打造最高水平的体验？我们未来的客户是谁？目前在一个什么样的市场里？我应该在什么样的市场里？"

具有适应性、扩展性和流动性，因为每一天价值的创造都会遇到挑战，需要及时改变。理智的变革是用最大的效能腾出足够大的空间，投资到新模式中，慢慢建设，然后再把旧的模式核心更新到新模式中。不是一次性的变化，而是渐进式的投入，而且要专注于新的模式。

问：请问转型过程中的绊脚石是什么？

答：把共同智慧和组织的领导能力释放出来，聚焦于新模式是非常困难的，尤其是新模式初期的时候。关键的问题是在新模式成为有意义的商业模式前，你能为它投入多少。

传统模式可能会是一个问题。那些长期以一种方式工作的组织往往难以建立新的工作方式，尤其是新业务蚕食现存业务的情况出现时，这会导致组织内的"排异反应"。组织需要做好准备逆风而上，要敢于挑战自己的思维方式、传统人才模式等。如果过早地结束新业务，可能会错过机会。如果没有做好逆风而上的准备，组织也将面临生存的危险。

向以体验为中心的组织转变是公司高级领导层的责任，缺乏高层管理人员或是首席执行官层面的支持，会是一个主要的绊脚石。诸如此类的改变会涉及组织的思维和行动层面，不应该置于组织的末位，而应该由高层领导，从上到下变革。

问：你认为设计在变革中发挥什么作用？

答：我们看到越来越多的公司用设计来创建战略方针。触发因素各有不同，但是最重要的问题是涉及企业生存的，比如如何打造最高水平的体验？未来的客户是谁？目前在一个什么样的市场里？我应该在什么样的市场里？设计能够帮助提出、探索和解答问题。

设计能够帮助人们理解（定性和定量的）数据，发现事物的意义以及可以采取的行动，数据和设计结合至关重要。

当跨不同业务部门时，会出现难以调动设计资源的问题，不清楚从哪里开始，如何开始。很多人都知道设计很关键，重要的是要减少阻力，增加行动力。

我听说，索尼（Sony）的首席执行官盛田昭夫（Akio Morita）有一件外套，专门用于携带正在开发的索尼新产品，可见他对创新是多么重视。当瑞安航空（Ryanair，一家爱尔兰廉价航空公司）的首席执行官说他在考虑向乘客收取在飞机上上厕所的费用时，也可见他对廉价航空和乘客的态度。当一个乘客花时间写歌讲述自己的吉他是怎么被航空公司的行李搬运工弄坏时，[4] 也同时成了航空公司和乘客关系的象征。流传的故事是组织符号架构的重要组成部分，因此组织进行变革时，你必须了解行为背后的深层含义，把符号设计进变革当中。你想在组织内讲述哪些故事？现在组织内流传着什么故事？

5.4 在组织内促成共识并赋权：上下双向模型

上下双向（Top-Up）模型结合了自上而下的领导意见和自下而上的赋权模型。领导力很关键，领导需要在以体验为中心的组织中发挥带头作用。他们能够在组织中吸引足够的注意力，能够更好地传播观点。这些观点可能是变革性的，因为很容易符号化，通过结构化的行为得到支持。在组织中，领导的观点需要作为指明灯，引导企业走向以体验为中心的模式。

同时，以体验为中心的组织明白客户与员工（或其他接触点）的交互产生客户体验，这就要求给一线人员赋权，使他们有能力去满足客户的体验预期。自上而下的方法需要自下而上的支撑，从客户交互开始是一个比较好的起点。

专注体验的好处之一是每个人都感同身受，组织内部能够统一不同观点或者方法。每个人都能理解客户体验，而且都有联系，在组织内树立一个清晰的目标，很少人能够反驳其逻辑。因此，聚焦体验能够缓解组织内部的紧张情绪，在高层达成共识；能够建立整个组织都可以接受的结构和分工。接下来我们会讲到交互输出方式，届时就能明白如何达成共识。

5.5 交互输出方式：从体验向内反推

以体验为中心的组织知道自己想要给客户提供什么样的体验，这是设计和讨论如何通过服务的接触点实现体验的起点。

跨职能部门的开发团队可以使用图 5-1 所示的交互输出方式。我们从体验出发，并回答问题："假如想要提供体验 X，那么组织要如何赋权员工（或是技术）和客户一起共同创造体验？"你会专注于员工体验（或接触点设计），以及如何实现。这样才能够从后往前倒推，探讨如何让团队或者团体合作支撑一线员工，关注点既可以是正式的，也可以是非正式的。更深一层，我们会问："团队领导要做什么来帮助团队实现体验？"这能不断推动组织从更深的层面创造一个架构、一种思维方式以及一种工作方式。

在整个过程中，你都可以用以体验为中心之环探讨体验的实现、激活和结构。需要什么样的平台才能充分发挥接触点的潜力？需要什么样的业务结构才能拥有可行的商业模式？这些思考会把传统分层推动的观点转变为以体验拉动的思维，客户体验就是最重要的关注点。

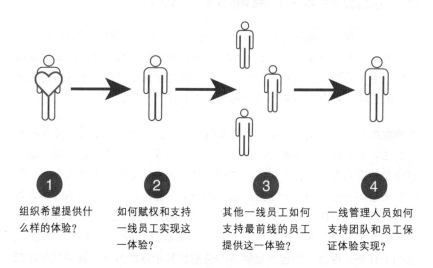

① 组织希望提供什么样的体验？

② 如何赋权和支持一线员工实现这一体验？

③ 其他一线员工如何支持最前线的员工提供这一体验？

④ 一线管理人员如何支持团队和员工保证体验实现？

图 5-1：交互输出方式迫使你从体验开始，保证接触点（本例中指一线员工）得到赋权以提供体验。通过从体验反向倒推，就能确定其他员工和管理者的角色

5.6 轮岗制度，发展体验共情力

前面的章节强调了在设计和开发过程中"感受体验"的重要性，这也适用于组织中离客户比较远的员工。要让更多的人了解体验，就需要让他们从客户的立场去感受组织提供的体验。20 世纪 60 年代，美国航天局一个清洁工说，他不是在清理办公室，而是在帮助把人类送上月球。这是一个绝佳的例子，说明员工和组织的高层使命达成了共识。同理，在以体验为中心的组织中，员工间也需要达成共识，可以通过不同部门轮岗的方式去理解想要实现的体验是什么，实现它会遇到什么困难，它对于客户有多重要，每个人都参与其中是多么有必要。离客户越近，越会明白这些问题，但公司中不是所有职能部门都能接近客户，因此轮岗就是一个好方法，让公司中所有员工深刻理解提供卓越体验意味着什么。首席执行官和首席体验官也需要参与其中，既是为了起到带头作用（其效用不可低估），对于他们自身来说也是很实际的学习，其学习结果可以带到管理团队中增强效果。

5.7 融合是设计策略的一部分

在本书中，我常常提到"融合"，因为这是组织内部实现变革的有力手段。如前所述，融合就像把茶包放进水中，观察颜色的扩散。可以说融合是指在组织中对的地方释放重要的信号，并支撑其传播。这些信号通常是灵光一闪的想法、示范性行为，以及其他正式的流程变化。

想要组织变革顺利实现，就需要转变组织逻辑。融合是一个实现变革的有力方法，需要精心设计融合的策略才能让组织成功团结在一起。虽然融合好像是一个自发的过程，但进行合理规划、为之建立结构也非常重要。有时候由于领导和管理层的自然沟通，融合会自然出现，但更多的时候需要有计划的支持，比如课程、社交媒体、正式的流程更改、传承、故事、新闻报道，或是服务概念（有关概念车和服务概念的内容，见第 4 章）。创造融合计划，保证其中包含足够多的情感性和示范性内容，就能实现你想要在组织中看到的改变。

5.8 赋权

美国高档连锁百货店诺德斯特龙（Nordstrøm）的员工守则讲述了一个具有象征意义的故事，概括了客户服务文化，在企业内外创造了一个传奇。所有新员工收到的守则是一张明信片，上面写着：

> 我们的首要目标是提供卓越的客户服务。我们的员工守则非常简单，只有一个要求：任何情况下都做出良好的判断。

这句话之所以具有象征意义是因为它向员工传达了远超字面的意义。这句话更是传奇性的，因为虽然这句话是真实的，但只是故事中的一部分内容。实际上诺德斯特龙有非常详细的员工手册，里面包含许多行为指引，比如社交媒体政策。

赋权是指组织中向下传递权力，并认同员工的自主行动能力，认可员工在恰当的时候做正确的事情。这种认可提升了员工的责任感，成为他们的强大动力。赋权的深层含义是对员工的信任，相信他们会根据客户和公司的最大利益做正确的事，是责任共担的体现。

在转型过程中，也许会遇到在不同要素之间抉择的时候：是选择好好设计体验，还是赋权一线员工做对的事情？这两者并不互斥，设计体验和赋权员工可以很好地结合在一起发挥作用。麦当劳（McDonald's）的体验经过细致规划设计，在全球范围都非常稳定一致，而且能持续保持其领先的市场地位。但是，过分严格控制体验按照脚本来走，会让员工缺乏力量，导致体验质量下降，这是因为意外状况经常发生，需要员工能够灵活应对。如果组织要求员工严格按照体验脚本行事，每个人都有明确的分工，那么个人的随机应变能力就被大大限制住了，并最终影响体验的实现。

在制造业工厂赋权生产工人

我有一次项目合作的对象是一家大型制造公司。恰逢其生产系统刚刚实施，专项工作的目标是减少库存、优化生产。但是很快争论就开始了——关于是不是应该给予生产员工更多权力的问题。当时组织的逻辑是自上而下推动生产计划，无论生产系统状态如何，都必须遵守明确定义的"生产脚本"。

我和员工聊了聊，也亲身参与了几次轮班，发现有两个根本问题：

1. 很多时候上级要求员工生产的东西不是所需要的，导致不必要物资的积存。员工知道有这样的情况存在，却无力做任何事情，因而感到很沮丧。

2. 员工对自身（知识、教育及能力）和工作之间的关系认知与管理层表达出的关于员工的态度和信念明显对立。

在我看来，员工可以组成自治小组管理生产，而且能够接近销售部门，可以给予他们负责接管来自客户的重复订单的职责。为此需要设计一个清晰的信息系统，每个人都能够看到性能和库存情况。我们建议在公司里设立巨大的（模拟信号）状态板，实时显示商店中的状态；建立自我管理团队，有权接受重复订单并实现交付。后来，状态板获得批准，但是项目团队和管理层之间关于员工赋权问题还是存在巨大分歧。经理们完全不觉得员工有能力承担这个责任，因此强力反对。我们提议用一些组织原型去试验一下，便创造了状态板原型，开始了自治小组试验。

原型测试的结果超出预期：员工积极性提升、人员流动率降低、库存大大减少，客户都很高兴终于可以从一线生产员工处得到准确的交付承诺。原型设计后来完全投入使用，在接下来的两年里推广到了更多部门。如果我们没有给予员工他们应得的信任和权力，那么系统就不会运作成功，员工会觉得沮丧，客户也得不到积极的体验。这个例子说明赋权可以和功能性利益、情感性和象征意义完美结合，这也是赋权能够帮助提供卓越客户体验的原因所在。

对于组织管理，美国和斯堪的纳维亚半岛的思路不同：美国更倾向于使用体验脚本和严格等级，而斯堪的纳维亚半岛则体验脚本较小，层级也更扁平。背后原因有许多，我鼓励将两者结合使用：使用体验脚本，而且赋权员工提供理想的体验。假如员工知道，并且理解客户应该得到的体验，他们会因此加入企业，很自然地就能够实现这种体验，而且能够更灵活变通，在体验历程中做出所需的微调来使体验成功。

5.9 打破部门的各自为营

来自美国管理协会的一份最新调研[5]显示，83%的管理层人员认为组织中存在部门各自为营的情况，97%的人认为这带来了负面的影响。

部门之间独立运作，犹如在组织中各自圈地，部门之间缺乏合作，无法凝聚成一个团队。因为各自运作的后果是竞争和区隔（有趣的是，部门常常被称为区隔），而不是协作。部门各自为营是基于价值链思考，而不是基于价值网络思维，逼迫客户在组织中自行寻找方向，而不是组织帮助他们完成历程。还有，关键绩效指标往往仅强调部门内结果，而不是跨部门合作，很少见到关键绩效指标是基于跨部门合作的。

渠道划分长久以来用于应对新技术，比如互联网、社交媒体。但是客户通常希望在不同渠道间自由移动，因而可能会引发问题。这样管理多个接触点就变得很困难，因为你还要管理多个部门，而管理多个部门大多遇到的是部门各自为营的劣势，鲜有优势。

毫不奇怪的是，这会导致错误决策、缺乏协作以及士气低落现象，同时还会影响公司的效率和盈利能力。通常，各个部门划分是基于各个专业领域（市场营销、销售等），这会导致部门之间的竞争和权力争斗。客户并不在意你的部门划分，但是却常常被迫要去接触不同部门，为了客户着想，还是把这种区隔去掉吧！

5.10 注意差距：使用差距分析找到位置

确定组织需要多大程度的改变，以及选择适合的策略实现变革，都需要仔细的规划。差距分析是一个很好的工具，可以帮助你发现需要进行多少改变并规划变革。首先要清楚现状和理想状态，这样更利于规划。详见第4章，学习如何进行差距分析，看看离以体验为中心的组织还差多少关键要素和行为特点。根据列表一项项对比，诚实回答组织是否有体现这些行为，是部分、大部分还是完全。然后将结果和你在"以体验为中心五步走"的组织轨迹上的位置对照（第 2 章），就可以得到组织历程的起点。变革的初期像短跑，但是各个部分的改变会是一场马拉松，你需要做好准备。

变革策略取决于起点与目标之间的差距。就像所有组织变革一样，明智的做法是进行规划，而不是急于进行彻底变革、加速变革。但是每个组织都是独一无二的，因而也没有万能的路径。

5.11 量化进度：无法衡量的事物也是可以进行管理的

数据指标是重要的管理工具，但是过分依赖就会损害组织的判断力。研究发现，不少所谓激励措施结果却降低了效率和员工动力，这些例子最终都可以归结到理性经济人（参见第 6 章）通过量化方式进行管理的观念。在 *The Tyranny of Metrics*（普林斯顿大学出版社出版）一书中，该书作者和历史学家杰里·穆勒（Jerry Muller）解释了我们为什么会依赖指标，他还举了过分依赖数据的例子。穆勒的主要发现是，能够被量化的以及最终被量化的往往是不值得被量化的，不一定是我们真正想知道的，还会让我们从真正关注的事情上分心。

他书中传递的主要信息是："指标不应该替代判断力——指标需要进行判断。"换句话说，数据不一定是更好的选择，但是认真的思考永远是。

组织关注设计思维，接着就开始在这个领域开发关键绩效指标。在一个项目中，我们对设计思维进行了全面分析，确定了 17 个核心特征。然后围绕它们开发关键绩效指标，同时也时刻留心指标使其既能用在企业层面——面向事业部或独立部门，也能用在员工层面。但是设计思维并不好量化，很多方面不一定能够产生可量化的成果。举个例子，设计思维本质上是视觉性的，虽然也可以衡量视觉性的产出，但是结果没有什么价值。另外，设计思维是反思性的，涉及在解决问题之前先明确问题的定义。这也是非常难量化的，但是可以通过主观观察判断。无法量化不意味着这些方面不重要，而是说明你的组织逻辑需要一些主观的评价。

我们还发现，设计思维的一些方面可以量化成果，一些方面可以量化开发阶段的完成程度，一些方面可以用量化过程中的一致性来衡量，还有一些方面则完全无法衡量，或者即使量化也没有多大意义，比如组织层面的客户共情力，虽然这一点无法衡量，但却是重要的组织行为特征。

在目标设定、绩效管理、基准比较、提升士气达成特定目标等环节使用关键绩效指标至关重要，但是在应用过程中需要跟反思和主观判断进行平衡。要学会反思、感受事情进展如何，而不是通过看一堆数字来做出判断。接触客户、网上的评论以及对公司文化方面的评价都有助于进行反思和感受。我们鼓励倾听、分析和反思，把它们作为以体验为中心的组织的核心技能，而不是采取理性经济措施。但是也不要完全放弃数据，要实现量化价值和反思分析的平衡。

5.12 为组织做原型

设计的其中一个关键步骤是设计原型，很多人常常误会设计师制作原型的原因。他们以为设计原型是产品或者服务接近最终完成的形态，在生产或者上线前获得最终批准，这只是原型的一种。设计原型的目标是更好地理解问题，一开始快速做出的基本方案很可能不会成功，但是从失败中吸取有益的经验，可以再次突破，更进一步地理解问题。正如第 4 章所提到的，这叫"快速失败，快速向前"，也就是为了理解而失败。

同样的思路也可以应用于组织的设计过程。 组织设计能够一次成功的情况非常罕见，往往要在实施之后花时间微调。有可能建立组织原型吗？在实施之前可以先预估组织变革带来的价值吗？这两个问题的答案并不直观，在讨论中会引入一些不确定性。因为所有的服务创新都离不开组织，所以在一定程度上为组织设计原型是很有必要的。但是大型组织的变革难以设计原型，我从来没有见过类似的实例（除了那些在小范围内试行以在大范围内推广的例子）。设计组织原型很重要，是一个很新而且需要继续探索的领域。

5.13 把设计思维和设计方法融合进组织

本书的一个中心思想是，设计是组织发展的关键。当我提到设计时，并不是指所有设计。我希望你可以聘请设计师，因为这样才能具备变革的能力。但是你也要留意聘用的是什么类型的设计师，我遇到过很多人嘴上说着"设计思维"，却缺乏相应的技能帮你从体验上改变组织。所有设计师都想让事物变得更好，但我希望你接触到的设计师通常（但不绝对）是那些设计专业毕业的人。他们视觉感受能力强，具备客户共情力，有过把美学、功能和材料（包括技术）结合在一起的经验。我的经验是，服务设计师——一种新型的设计师、具备创意设计领域专业知识的人——会很适合，你也可以找一些出色的工业设计师、平面设计师和交互设计师来帮助你。

5.13.1 不要摇滚巨星，而要共同设计过程的主持人

设计在过去几十年间发生了变化，不再是以往那种摇滚巨星一样的人物，他们拿着一份创意简报走回黑房子里，然后提出各种眼花缭乱的魔法创意。当代设计师接受的训练是成为共同设计的主持人和协作者，和其他学科的人（以及客户）共同提出解决方案。有了共同设计，才能够设计出对以体验为中心之环的所有方面都产生影响的体验。但是设计不仅仅是一个主持过程，还是一个高度体验型的学科，从其他体验中获得灵感，然后创造体验。能够进行设计思考以及创造体验，这二者都是非常重要的设计技能。

为组织找到合适的设计人才，需要充分理解体验基因。这也是为什么我建议你可以先通过外部设计咨询开始接触设计，作为以体验为中心五步骤中的其中一步。让设计师从体验历程开始加入，琢磨一下适合组织的设计师是什么样子的。设计师需要具备适应组织基因的个性，还要具备和其他人一起设计的能力。

5.13.2 在组织中发展设计运营部

关于设计有一个不容易理解的点是，设计往往有很多方法。设计运营部是

组织中对设计过程进行规划、定义和管理的事业部。你应该在组织中设立设计运营部，这个部门需要综合不同专业的人才，向首席体验官汇报。

设计运营是一个新近出现的术语，但是类似的角色已经存在很长一段时间了。它是流程管理的进化，已经考虑到了设计带来的体验特点。设计运营现在很流行，因为设计团队不断壮大，组织中越来越需要统一设计方法。设计运营经理不一定是设计师，团队也很可能由不同专业的人组成，他们的共同点是找到有效的方式来实现组织的体验愿景。所以他们既发挥运营作用，也发挥宣传作用，为组织注入客户体验发挥核心作用。

5.14 尾注

[1] Teresa M. Amabile, " Motivating Creativity in Organizations: On Doing What You Love and Loving What You Do, " *California Management Review*, 40, no. 1 (1997).

[2] 心流这个概念描述的是，人投入到一项工作中时感受不到时间和空间存在的感觉。详见米哈里·齐克森米哈里的书 *Flow: The Psychology of Optimal Experience* (New York: Harper Perennial Modern Classics, 1990)。

[3] 组织逻辑的概念源于制度逻辑，而制度逻辑描述制度如何形成一套信念框架，影响组织的行为和决策。参见 Patricia H. Thornton and William Ocasio, " Institutional Logics, " in *Handbook of Organizational Institutionalism*, ed. Royston Greenwood et al. (Thousand Oaks, CA: Sage, 2008).

[4] 《联合航空砸烂了我的吉他》（*United Breaks Guitars*）是音乐人大卫·卡罗（Dave Carroll）的一首歌，也是最早期的病毒式传播的视频。根据 2008 年他乘坐联合航空期间，吉他被行李搬运工打烂后的经历而写的。往往被人们引用说明通过社交媒体赋权客户的例子。

[5] " America Management Association Critical Skills Survey, " amanet.org. 调研发布于 2016 年，但是无法在网上查看了。

第二部分

怎么做

第 6 章

从客户体验开始

在本章中，你将了解客户如何体验产品和服务，以及如何利用这些知识来设计更好的体验。它向我们展示了如何像场景机器一样，为不同的场景做好准备并进行行动，以及体验如何与我们的生存息息相关。这样，体验就不可能与预期分离。我们每天都有成千上万的体验，其中大多数体验我们甚至都没有注意到，但本章将向你展示如何设计能被客户记住并与他人分享的体验。

客户体验是一种共同创造价值的行为。没有客户行动，就没有体验，只有产品。只有当客户通过使用体验到产品，服务才能真正创造价值。因为体验的重要性，现在我们来一起学习更多关于客户体验的知识，以及如何创新地解决这些问题。

6.1 从功能到体验

当我第一次搬到斯堪的纳维亚半岛时，我曾为世界领先的牙刷制造商乔丹(Jordan) 公司做过一些工作。当时，该公司最出名的是其生产的牙刷有人体工程学设计，而且猪鬃头还有特殊功效。其广告也都是关于这些功能的，几乎没有涉及情感。如今，该公司使用了一种更加专注体验的设计方法。牙刷的整体设计完全基于用户的感受（见图 6-1），这使得该牙刷脱颖而出，获得了特别的成功。我喜欢这些牙刷，其他人也非常喜欢；它们在斯堪的纳维亚半岛非常受欢迎。

这种方法有两个有趣的地方。第一是价格敏感度。人们不太在意牙刷的价钱，只是想拥有这样一只牙刷。做管理教学的时候，我有一个大约40人的团队，其中大约30人都用这个品牌的牙刷。当我问他们牙刷价格时，他们多会胡乱猜测，猜测的通常比实际价格要高，有时甚至高出一倍。第二是牙刷带来的体验。它打破了人们对牙刷只具有功能性的预期。牙刷是有情感的——人们在使用它的时候会从中得到快乐。为什么呢？因为它有一种情感上的联系，每次使用它的时候都会被触发。

更进一步地说，该品牌的成功与牙刷设计的多样性有关，消费者会倾向于选择在情感上吸引他们的东西。该品牌牙刷的设计非常好，甚至关注到了最细微的细节，与市场上其他的牙刷都不同。我很欣赏这一点，并对该公司怀有一种高度的善意，因为我觉得他们把我的最大利益放在心上了。我真的觉得设计者在设计我使用的牙刷时，真切地考虑到了我和我的需求。这样一来，他们就把刷牙变成了一件令人愉悦的事物，我很感激有人为我做了这些。

图 6-1：乔丹牌牙刷有多种设计供你选择。这是从功能到体验转变的一个很好的例子

来源：乔丹

我能感受到有人关注我、理解我，并为我设计了一些漂亮的东西，给了我多种选择，让我享受以前是苦差事的琐事。感谢乔丹公司和设计师盖尔克·塞思（Geir Øxseth）为我的日常生活提供了一些非常有价值的、并具有小仪式感的东西。

这个故事强调了从功能世界向体验世界转变的重要性。现在，乔丹牙刷的广告既不谈人体工程学，也不谈清洁效率，而是更加关注情感和对美的欣赏。因此，顾客并不是仅作为买卖的交易一方来购买牙刷。情感上的联系作为一种关系，成为日常生活的一部分。牙刷这个小例子，展示了我们是如何抛弃掉逻辑和功能世界的。在本章中我们将看到，对美好的渴望和需求正是我们作为人类的核心。对客户体验的研究越多，我就越意识到体验是我们存在的一部分。

6.2 什么是体验

> 布莱恩："你们都是独立的个体。"
> 人群（齐声）："我们都是个体。"
> 个人："我不是。"
> ——巨蟒剧团剧目《布莱恩的一生》

首先，什么是体验？回答这个问题需要深入学习心理学和哲学的有关内容，但在深入研究这些学科之前，我们可以先从以下定义开始：体验是一种给人留下印象的事情。我喜欢这个定义，因为它把你的工作（"事情"）与客户（"某人"）联系了起来。作为一个组织，你需要的是留下一个印象，而且需要是一个积极的印象。那么，我们来总结一下这个定义的要点：

事情（Happening）：
产品服务以及如何通过接触点提供它。

印象（Impression）：
特定的、相关的、难忘的客户体验。

某人 *(Someone)*：

客户和员工。

6.2.1 我们是感性的，而不是理性的

是谁引入"我们是理性经济人"这一错误观念的？长久以来，尽管这一观念并不真正符合心理学或社会学模型，但却一直是我们理解人类行为的内驱逻辑。我们似乎经历了一个很长的黑暗时期，尽管周围有相反的证据，但我们仍认为人是理性的、有逻辑性的，有强烈的功能需求。这理解起来有些困难。就好像我们试着把自己想象成《星际迷航》里的斯波克(Spock)，并把自己塑造成他。

理性经济人之死，2015 年 10 月 21 日

理性经济人的概念是什么时候诞生的很难确定，但是丹麦国家报纸丹麦《政治报》(*Politiken*) [1] 2015 年 10 月 21 日宣布了它的死亡日期。

该报宣称：在一份具有里程碑意义的政府文件中，描述了人们不总是为了他们的最佳经济利益而行动，不总是理性的，并且有着不合理的可识别的行为偏见。政府承认，人们会凭直觉自发地做出决策，并会受到社会规范带来的偏见的影响，并认为这将对政府经济政策的制定产生影响。

这对你来说可能不算什么新闻。但是，却颠覆了政府政策多年来一直以理性经济人为基础的设计理念，从那时起，政府政策设计终于开始考虑个体或群体的非理性意见。

在许多方面，这份政府文件承认早期的政策是为理想化的经济体，而不是为公民设计的。这种设计使经济学家的生活更轻松，但对政府客户（其公民）而言却更艰难。重要的是，现在的政府政策将在更大程度上以公民为中心，不仅在需求方面以公民为中心，在行为方面也将如此。

这种理性模式深深地植根于几百年前的改革中。过去，人们关注的焦点是科学方法以及让我们区别于其他动物的逻辑推理能力。我们确实不同于其他动物，但最近的研究表明，这是因为我们是感性的。我们是非理性的，但根据著名心理学家和行为经济学家丹·艾瑞里（Dan Ariely）和其他许多人的说法[2]，我们是"可以预见的非理性的"；我们有多年来形成的固有偏见。丽莎·费尔德曼·巴雷特（Lisa Feldman Barrett）是心理学教授和知名研究员，她[3]认为人类在开发和利用情感作为日常经验一部分的方式上是独一无二的。在 *How Emotions Are Made* 一书中，巴雷特总结了我们如何对周围的世界做出独特的情感反应，而这种反应又如何引导我们去看待世界，并以高度非理性的方式做出反应（是的，这甚至包括我们报税的时间）。所以，看看你周围的世界，注意它是多么的感情用事（而且一直如此）。拥抱它，理解它，并将这看作"新常态"。

交互是核心

在我最开始上的心理学课上，曾讨论过霍尔德和海因（Held & Hein）[4] 在 1963 年做的一项关于感知能力如何发展的经典研究。他们利用两只小猫，并通过一个类似旋转木马的装置驾驭小猫来进行实验。一只小猫被允许以正常的方式走来走去，通过行动和探索体验世界；另一只小猫被放在一个升高的篮子里，而且它的移动是由第一只小猫控制的。也就是说，第二只小猫只能被动地观察这种体验。一段时间后，两只小猫都接受了测试。积极体验世界的那只小猫发展出了感知力，而另一只没有发展出足够的感知。这表明，积极的体验是我们在世界上生存的核心能力，它具有重要的存在价值。

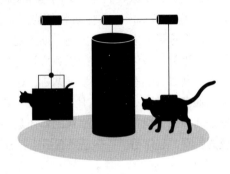

6.2.2 体验并不意味着迪士尼化

我曾遇到许多领导者，他们认为良好的客户体验某种程度上就是将他们所做事情进行"迪士尼化"。我的意思是，他们认为在他们提供的服务上增加一个娱乐功能，将使其成为一种奇妙的体验。在本章中，我将向大家说明这种理念是错误的，并描述如何创造并非基于娱乐服务、却令人难忘的普通体验。人们普遍认为，体验必须具有娱乐性才能令人难忘（或有价值），不幸的是，这给客户体验带来了一种肤浅的感觉（并不是说我认为迪斯尼是肤浅的，但是，它是针对特定客户群的娱乐业务）。正如我们将看到的，体验需要真实地反映组织以及对服务的期望，而且体验也可以是具有高度实用性的。像优步（Uber）和爱彼迎（Airbnb）等公司提供卓越客户体验的服务，也并不提供类似迪斯尼式的体验，那你为什么要那样做呢？

你的服务闻起来是什么味道（如果有味道的话）？

如果你在领导层讨论过这个问题，那么你已经在走向注重体验的路上了；如果你认为这是一个愚蠢或怪异的问题，那么请暂停判断并继续阅读。

当与组织（或企业）合作时，我们发现许多领导者很难描述客户将会拥有的体验。这是可以理解的，因为作为人类，我们很难描述绝对状态，尤其是情感领域的绝对状态。然而，作为人类的一个巨大优势是我们能够用相对的方式来思考事物。例如，当单独观察时，我们只能分辨出大约七个视觉刺激，但是当把它们与其他的进行比较时，我们可以分辨出上千种。我们也有很强的比喻能力——也就是说，我们会把某件事与另一件事进行比较，所以我们经常会问领导团队这样的问题：如果你的服务是一辆车，它是什么牌子的？如果你的服务是一家超市，你会选择哪家？这些问题有助于定义组织应该提供的正确体验，因为如果你决定你的服务应该与奥迪相媲美，那么你已经有一些强大的东西作为发展基础。这可以一直归结到"如果你的服务有味道，它会是什么味道？"来吧，试一试。你的味道是新鲜的、柑橘味的？辛辣的？还是略带皮革味的？或是传统的？看，起作用了！你已经在描述服务体验的路上了。

6.2.3 体验是生存的手段

为了解释体验存在的重要性，我们从进化的角度来看童年时代。我们通过对世界的体验来了解世界，随着成长，我们通过所拥有的体验来成为我们自己。听起来很有道理，而且事实的确如此。然而，我们还知道，我们的大脑、身体和社会将优先考虑与生存相关的事情。体验是我们生活的中心，它们是我们存在的基础。我们渴望的不是产品或服务，而是它们带来的体验。从某种意义上来说，一切都是体验。我们生来就把体验作为一种生存方式，一生中都带着这种本能。因此，客户体验是这一体验需求的延伸就不足为奇了。毕竟，这是我们学会如何成为我们自己的方式。

> 体验是我们生活的中心。它们是我们存在的基础。我们渴望的不是产品或服务——我们渴望的是它们带来的体验。在某种意义上，一切都是体验。

作为一家公司，你应该注意这一点，因为利用客户生活中存在的重要方面，可以让你以前所未有的规模接触到他们。然而，在与公司的讨论中，我反复听到客户体验很重要，但是公司不知道如何改进，并且很难准确地理解它们应该提供什么样的体验。正因为如此，计划永远不会落地，或者会变得不协调。如果这听起来很熟悉，请继续阅读。

6.2.4 人类是情感场景机器

重要的是要意识到，我们总是根据期望来评估体验。神经认知学告诉我们，我们是场景机器，总是期待多种可能的结果，预测接下来会发生什么。最新研究表明，我们一直在为生活中接下来可能发生的事情创造场景。这些场景是实时开发的，并根据以前的经验（上次是如何做到的）、最近事件的记忆（刚刚发生的事情）和所处环境的提示（这些接触点对我有什么期望？）等不断进行调整适应。

我们并没有意识到这些多重场景，但它们可以帮助我们为可能发生的情况做好准备。从进化的角度来看，它们可能是动物从灌木丛中冲出来的场景，或者是鱼儿在渔网附近游来游去的场景。研究人员认为，不断尝试预测多种未来以便为采取行动做好准备是人类独有的特征。这是有道理的，因为如果没有做好准备，那么我们应对事件的能力就有限。我们根本不具备立即并完全自发处理事件的能力（即使我们认为自己具备此能力），因此，为了让事情变得更简单，我们预测将要发生的事情，并将其作为准备和行动的起点。

丽莎·费尔德曼·巴雷特（Lisa Feldman Barrett）[5] 清楚地表达了这一点：

> 我们通常把预测看作对未来的陈述，比如"明天会下雨"或者"红袜队将赢得世界大赛"。但在这里，我关注的是在微观尺度上的预测，就像数百万神经元彼此交谈一样。这些神经对话试图预测你将要经历的视觉、听觉、嗅觉、味觉和触觉的每一个片段，以及你将要采取的每一个行动。这些预测是大脑周围世界正在发生什么，以及如何处理来让你活得更好的最好的猜测。[……]
>
> 通过预测，大脑构建了你所体验的世界。它结合过去的点点滴滴，并推算所有适用于当前情况的可能性。[……] 现在，根据你读的每一个词语，你的大脑都会根据你的阅读经历来预测下一个词语会是什么。简而言之，你现在的体验是由大脑在片刻之前预测的。预测是人脑的一项基本活动，因此一些科学家认为它是人脑的主要活动方式。

善良是会传染的

我们为什么慷慨？尽管有些事对我们来说可能没有任何好处，但是我们还是会去做，比如献血、在网上发表评论、给服务员小费或给慈善机构捐赠善款等。善良通过释放内啡肽和催产素来回报施予者，并创造新的神经连接。这种大脑可塑性的含义是利他主义的，善良变成了无须刻意练习而自我强化的习惯。即使是想象同情和善良的行为也会激活大脑情绪调节系统中舒缓和放松的部分，这就解释了它对我们的影响，但是它对别人的影响呢？有证据表明，善良是可以传染的。这可以用公认的互惠行为来解释，例如，表示赞扬、赠送礼物和回馈他人。最近一项关于慷慨的人类学研究表明，我们会回报慷慨，并会根据群体的规范调整慷慨。[6] 这种群体性行为对服务的设计有很强的影响，因为它基本上在说，人们会像你对待他们一样对待你。因为我们认为服务是人性化的，因此会对服务员反馈相同的个性、行为和语气。请善待客户，这样他们不仅会以积极的眼光看待产品服务给予者（比如员工），而且也会善待你。如此一来，会促使形成客户关系的良性循环。需要以体验为中心设计组织的个性、行为和语调的另一个原因是了解客户会对你进行怎样的反馈。

6.2.5 基于场景构建的服务期望

将场景制造的观点放在服务的环境中，我们可以看到，作为客户，我们不断地在场景或故事中运行，这些场景或故事设定了我们遇到服务（或产品）时可能发生的情况，以及在细节（与接触点的交互）中会实际发生的情况。我们都经历过这种情况，尤其是在出现新事物的情况下。新事物会挑战你的思维，让你在不同的场景中思考，并为你的预期和行动找到正确的方向。这些场景帮助我们快速理解系统，并确定正确的反应行为。作为设计者，你要立即开始学习如何通过清晰的解释概念来更好地进行设计，减轻压力，并防止混淆，从而使人们能够立即理解多重场景中的哪一个是正确的。提前为客户精心准备，然后用心与客户交流，让其真正体验到我们提供的服务。因为我们的目标不是仅仅满足预期，而是超越预期，唯有如此体验才会令人难忘。人类没有能力记住我们的每一次体验，老实说，如果我们记住了，我们的记忆将是非常灰暗和无趣的。只有在体验超出预期时我们才会注意到，而这也是在下一次遇到同类服务时影响我们场景生成的自然方式。

从进化的角度来看，我们天生就喜欢从美中获得快乐

一个美好的形象，一个美丽的人，一片令人惊叹的风景。为什么我们会从它们身上获得快乐，这是后天习得的还是与生俱来的？近年来，随着神经科学的发展，越来越多的证据显示：大脑天生就具有促进审美的能力，这给我们带来了进化上的优势。安杨·查特吉（Anjan Chatterjee）在 *The Aesthetic Brain*

（牛津大学出版社出版）一书中指出，审美是一种本能，也就是说，它是先天的，而不是后天习得的（尽管它们是通过学习形成的）。这本书很有趣，其核心有两点：第一，积极的体验是我们在不断进化中生存的关键部分，因此也是我们在生活中追寻的根本；第二，在某种程度上，美与进化优势有关。我们天生就喜欢从美好的事物中获得快乐。一幅图片、一幅风景、一个认识的人、一个共同的文化事件、甚至一个数学方程，都会以积极的方式激发我们的大脑。这与文化无关，而是与生俱来的。因此，我们不仅有美的经济学依据，而且还有其进化论依据。我们天生就欣赏美。

6.2.6 随着时间的推移，体验需要与事物交互

客户体验来自客户与你所提供的服务的交互——特别是在服务过程中与接触点的交互。这意味着，当你在思考并设计希望客户拥有的那种体验时，不仅要考虑客户是如何接受这种体验的，还要考虑如何设计才能提供想要实现的那种体验？体验是我们学习和理解的方式，是所有知识的基础。它们是我们预测和发现的方式。这意味着客户体验与预期和以往的交互相联系，因此要理解这些，你需要深入理解客户将如何与你的产品服务相关，包括在一种文化背景下如何相关。设计符合客户对这个世界理解的交互是设计师的专业领域。

交互是我们理解世界的核心，并在我们拥有体验之前创造我们对体验的预期。在设计服务时，在完全按照人们的预期行事（一致性）和以不同的方式行事（创新）之间总是存在着一种张力。这是跟随和领导的区别，也是设计体验时所要面临抉择：选择舒适和安全的路线，还是选择具有挑战性的新路线。唱片宝贝（CD Baby）公司在卖出唱片时附上的信就是一个很好的例子，既别具一格，又在某种程度上符合关于预期的学说，也与公司传统相契合。

琳恩·亨塞克（Lynn Hunsaker）是 CustomerThink 的荣誉作者，还任职于客户体验专业协会的董事会；自 20 世纪 90 年代初起，她就一直在《财富》250 强企业中从事客户体验转型相关工作。她发现组织太过于关注竞争对手在做什么，以至于忘了考虑自己可以且应该为客户提供什么。

不幸的是，企业购买技术常常是随波逐流的，而不是考虑其想要实现什么。一个典型的例子是"客户关系管理和企业反馈管理系统"投资浪潮，它提供了与客户建立关系的大好机会。然而，这些投资往往是出于以自我为中心的目的，如向上销售和交叉销售，其价值由于缺乏对建立关系的适当关注而受到影响。

没有人天生就"拥有"客户。你必须加强与客户的关系，让客户觉得你能理解他们。人们并不追求忠诚消费积分计划，而是希望公司能理解他们。我认为，我们已经把人的部分从商业中剔除了，现在需要把它放回去。

当企业试图了解其客户时，总是过于依赖一些定量数据和预设问题。这导致企业忽略了很多客户信息。这令人感到非常遗憾。使用过你的产品或服务的客户，会明确地告诉你他们的目标、实际体验以及由此带来的后果是什么。而利用前面预设问题获得的信息则非常少。

"人们并不追求忠诚消费积分计划，而是希望公司能理解他们。"

我们太过关注定量数据了，如果我们多关注点定性数据，每个人都会高兴得多。每个人都在数据报表上花了很多钱，但数据报表并不能真正帮助你了解你的客户群。讽刺的是，客户体验经理考虑的事情往往与客户考虑的事情截然不同，这不仅非常可悲，而且会导致组织迅速失去市场份额。

怎样带来惊喜和愉快：唱片宝贝（CD Baby）公司附上的信

我们的员工带着消毒过的无菌手套将唱片小心翼翼地从唱片架上拿下来，并放到一个缎面垫子上。一个由 50 名员工组成的团队会检查唱片，并在邮寄之前对它们进行清洁抛光，以确保它们处于最佳状态。

我们那位来自日本的包装专家点燃了一根蜡烛，当他把唱片放进一个用钱能买到的最精美的镶金盒子时，人群顿时鸦雀无声。

随后，我们举行盛大的庆祝活动，整队人沿街游行到波特兰城（Portland）的中心——邮局那里，所有的人都向我们挥手"一路平安！"11 月 18 日星期天，我们的唱片宝贝（CD Baby）私人飞机将为你送上包裹。

希望你在唱片宝贝商店购物愉快。我相信你会愉快的。

你的照片作为"年度顾客"挂在我们的墙上。虽然我们都累坏了，但我们等不及要你再次回到唱片宝贝网站（CDBABY.COM）了！谢谢，谢谢，谢谢！……

——德里克·西弗斯（Derek Sivers），CD Baby 的总裁，
"拥有最好的独立音乐的小店"

6.2.7 品牌是我们心中的邮箱

我不确定巴雷特是否完全同意埃尔·里斯（Al Ries）和他的女儿劳拉（Laura）用邮箱来比喻品牌的观点，但我相信她会看到两者之间的相关性。[8] 里斯一家人把我们对品牌的理解比作在我们的头脑中有一系列分类后的邮箱，每个邮箱都标有不同的类别。他们声称，我们只有有限数量的邮箱空间，而且每个邮箱类别的容量都是有限的。通常这些邮箱都是满的，因为现在几乎所有东西都竞争激烈。作为一个新进入者，我们只能通过删除已经存在的东西来访问这些邮箱，或者更彻底地创建一个新类别的新邮箱。苹果（Apple）和任天堂（Nintendo）非常擅长在我们的头脑中创造新的邮箱，并第一个填满它们。我们要意识到它们在这一点上很擅长，更要认识到它们的胆量。以维珍航空（Virgin）为例，该公司擅长识别那

些已经成熟、可以改变的邮箱，并积极地挑战邮箱内的那些公司，它主要是通过改善客户体验来取代一个或多个现有邮箱，并发挥领导作用。如果把维珍航空和英国航空的体验做个比较，你会发现维珍航空有一个与众不同且吸引大多数人的体验价值主张，这恰恰是一种清理布满尘土的邮箱，然后把自己的东西放在里面的方式。

6.3 如何创造令人难忘的体验

如果体验和预期的一样，那么很有可能人们不会记住它们，即使这可能会强化场景的一致性。人们每天会体验成千上万的事情，但很少有人会把这些事情作为值得告诉别人的事情而铭记于心。这并不意味着他们没有注意到这些体验，而是意味着创造令人满意和难忘的体验的目标没有实现。若想让人印象深刻，那么就需要将组织与预期区分开来，并创新经验。然而讽刺的是，在许多领域，现有的客户体验是如此之差，与预期相差如此之远，以至于仅仅能做到保持场景一致性就足够令人难忘了。客户会说："不错，一切都很好。"然而，这些评论的数量正在减少，因为许多服务提供商正在努力提供合理的一致性。因此，创新需要与众不同。你必须创新人们的期望，找到不同的方法，以积极的方式做事情。这意味着创新，就是在人们的头脑中创造新的概念，构建对产品服务和如何体验的新理解。

6.3.1 强度很重要

当回想暑假、一顿饭或一次会议时，你记起的往往是一些具体的事情。事实上，我们记住的似乎是快照而不是长视频。有两个关键因素影响着我们的记忆。

首先，是体验强度问题——也就是说，它能在多大程度上唤起你的情绪。其次，唤起情绪的方向也会起到一定的作用，消极的唤起比积极的唤起更容易被记住。这就是糟糕的服务会令人印象深刻的原因，但这也适用于令人惊讶的优质服务。情绪的峰值强度和时机也很重要。下面引用一位顾客对难忘假期的描述：

在苏格兰度假时，我们错过了从岛屿返回的渡轮。这对我们来说是一场危机，因为我们很有可能会因此错过返回城镇的最后一辆公共汽车。冒雨搭乘下一班渡轮的旅途中，这个可怕的念头一直在我们的脑海里徘徊，但当渡轮靠岸时，我们惊讶地看到一辆公共汽车在码头上等着渡轮。公共汽车司机说他早上就记得我们，没见到我们回来，所以又特地开车来接我们。我们永远不会忘记这件事。

6.3.2 美与爱紧密相连

mOFC 既不是一个足球俱乐部，也不是一个政治组织，而是我们大脑的一部分（内侧眶额皮质，medial Orbito-Frontal Cortex），是负责情感的重要部分。当感知到美时，内侧眶额皮质（mOFC）就会亮起来。研究 [9] 表明，美甚至仅仅是形式美，也会刺激大脑中与爱相关的部分。有趣的是，美妙的音乐和美丽的形象对内侧眶额皮质（mOFC）起着同样的刺激作用，但音乐并不会刺激与爱有关的部分。对不起，我不爱你。

因此，比起美妙的音乐，美丽的形象更有可能激发类似爱和喜欢的体验。所有这些研究的关键在于感知美，因为这些研究只研究了那些已被研究对象预先划定为美好的音乐和形象。这就是为什么人们对好的设计的感知会在大脑中引起类似爱和喜欢的反应，以及为什么社会对设计越来越敏感。一直以来，是否存在一种普遍存在的美、一种人人都认同并爱上的美，这个问题仍没有答案——美仍然存在于观看者的眼中，至少在进一步研究之前是如此。另一项有趣的研究表明，对于那些理解数学方程的人来说，数学方程中的美与音乐或形象中的美具有同样的效果。[10] 因此，数学中的美可能与广阔世界中的美密切相关。作者无法解释其中的原因，但认为这与人们意识到美与某些对我们有意义的事物有关。这可能会把对美的感知带入其他领域，比如生物学、化学，或者任何被认为是精心设计的东西中。我所说的精心设计不仅仅是视觉形式，我已经把它描述为中心，包括一个过程或者一个结构，如果它对我们有意义的话。

6.3.3 如何记住体验是设计的关键

如果让你在两种医疗方案中选择——痛苦 8 分钟还是痛苦 25 分钟——你会选择哪种？听起来很简单，当然会选择痛苦时间短的那个，而不是长的那个。然而，诺贝尔奖得主丹尼尔·卡尼曼（Daniel Kahneman）和唐纳德·雷德梅尔（Donald Redelmeier）[11] 提出了这个问题，并得出一个惊人的结论（见图 6-2）。当被问及手术感受时，手术时间较长的患者比手术时间较短的患者感觉更舒服些。怎么会这样？因为，患者体验的结束状态不同。长时间的手术是以一段较长时间的非剧烈疼痛结束的，而短时间的手术是以较短时间的剧烈疼痛结束的。卡尼曼和雷德梅尔发现，改变结束状态也会改变我们对体验的记忆。正如他们所说，我们当下的体验和我们对体验的记忆是非常不同的。他们发现，对患者的体验回忆来说，峰值和结束状态最为关键。

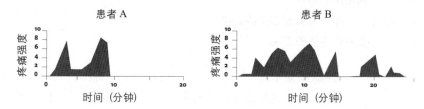

图 6-2：卡尼曼和雷德梅尔的经典研究表明，我们通过峰值和结束状态来记忆体验。这就是众所周知的"峰值 - 结束定律"

6.3.4 欲望和激情是文化的一部分

我们被欲望燃烧；我们被欲望刺穿；我们因欲望而痛苦不堪；欲望折磨着我们，我们被欲望所迷惑、占有、蹂躏和征服；我们因欲望而轻浮、盲目，甚至疯狂。我们的欲望是热烈的、强烈的、富有激情的、不可抗拒、无法抵制的；我们因未被征服的欲望而憔悴、消瘦，甚至死亡。

"THE FIRE OF DESIRE: A MULTISITED INQUIRY INTO CONSUMER PASSION" [12]

欲望与客户体验有一种有趣的关联：由于对未来预期回报的极高期望，欲望在很大程度上助推了我们的行为。欲望在我们的脑海中创造了一个强大的场景，那就是我们真正实现欲望目标时会有的感觉。在这种情况下，它尤其有趣，因为它促使我们采取行动。

欲望有很多定义，然而，最能描述消费者行为的定义来自韦伯斯特（Webster）词典：

> 一种自然的渴望，这种渴望由对任何美好事物的享受或思考激发，并推动其为能够继续占有而行动或努力；是一种希望获得或享受的渴望。

根据这一定义，欲望要具备三个要素：

- 对某事或物的渴望
- 通过行动或努力表现出来的动机
- 获得或占有的强烈需要

个人欲望和集体欲望并不是什么新鲜事。例如，在 17 世纪，人们对郁金香（是的，郁金香球茎和花朵）具有强烈的需求，以至于一种名为 Admiral Liejken 的郁金香的价格相当于 180 吨奶酪。与此同时，肉豆蔻作为一种稀有而受人喜爱的香料，很多人因运输它而发家致富。事实上，荷兰人非常看重肉豆蔻，1667 年，他们甚至用一个叫作卢恩岛（Run）的很小很小的岛屿与英国人交换了整个曼哈顿，只因为那里生长着肉豆蔻。当时，欲望常与匮乏联系在一起，所以在许多情况下，除了富人，欲望从未得到满足。

尽管欲望一直存在，但现在它已经成为一种全球现象，成为集体文化的一部分。我们可从当今正在大量生产的物品中看到欲望，但在今天的全球化市场中，这些物品不仅令人向往，更是可以得到的。物品虽然有时会有一定程度的稀缺，但并非总是如此，因此，现在欲望主要是象征性的。也就是说，象征价值让事物变得令人向往，尤其是在体现个人身份方面。节拍（Beats）耳机是象征意义上的欲望的一个很好的例子。购买它们也就在某种程度上表达了你自己。苹果手机是一个被广泛认可的很好的例子。而有时，PS 游戏机和任天堂游戏机也可被称为"欲望"，因为它们也激发了社会获得它们的热情。《哈利·波特》系列小说、漫威系列电影，以及时不时出现的各种各样的音乐人，都可被视为"欲望"，这已经成为我们寻找"下一个大事件"文化的一部分。这其中的机制似乎还不清楚，但欲望以客户体验为基础，并通过媒体和口碑传播来创造巨大的成功。但在服务业中是如何体现的呢？在服务业，好像这样的例子并不多见，直到现在我们也很难利用服务具有的自我身份认同来实现自我推销。然而，现在这种情况发生了改变，我们可以通过社交媒体宣传我们体验过的服务。服务业现在正变得越来越有"欲望"特性。例如，星巴克（Starbucks）、维珍航空（Virgin Atlantic）、美体小铺（the Body Shop）、谷歌（Google）的早期搜索页面，甚至优步（Uber）都有其独到之处，让人们愿意积极地花费精力去寻找并使用它们。最近，脸书（Facebook）、色拉布（Snapchat）和照片墙（Instagram）都很受欢迎，以至于人们花大量精力去获取和使用它们。

企业的目标是了解什么能使服务或产品变得让人渴求，并将其设计到解决方案中。这通常需要一定程度的创新，一些高度情绪化的投资回报，以及高象征价值。在第 9 章中，我们会看到，我们渴求的往往是潜在的意义，理解意义并为之设计对于创造想要的体验至关重要。

6.4 你为什么不能设计出卓越体验

既然已经对体验有了更多的了解，本节将介绍如何为定义体验而进行设计。因为这是一本关于组织架构的书，而不是一本关于设计体验的书，所以这一节比较简短。尽管如此，我还是描述了一些如何将体验知识转化为产品服务的关键方面，如表演、策划和讲故事等。如果想了解更多，请查看"结语"部分的"延伸阅读"小节。

6.4.1 只有客户能告诉你他们的体验

体验是个性化的，对每个客户都独一无二，并且是通过身体和心灵进行体验的。这听起来显而易见，但却很关键。只有通过倾听客户的心声，才能了解他们的体验。你不能设计体验，但可以为体验而设计。你可能认为这是一个微不足道的差异，但从设计的角度来看，这一点至关重要。体验是个人的，存在于客户内部。它们可能是集体的、共享的，但你只能设计它们发生的地点和方式，无法设计体验本身。这对创新项目有重要意义。首先，必须有一些从客户角度来理解体验的方法，这意味着与客户进行接触。其次，必须理解客户的行为，了解他们为何会如此行事，为何会对他们的经历有如此体验。最后，必须能够通过设计为客户转化以上体验。

6.4.2 通过精准而相关的产品服务引导顾客

本章的前面部分主要讨论的内容之一是，人类的行为就像场景机器，总是生成关于可能发生的事情的多个场景。换句话说，当接受服务时，我们会对体验产生预期。这使我们能够评估服务的潜在价值，并在接受服务时做好享受预期体验的准备。在设计服务时，需要开发精准而相关的产品服务，以帮助人们生成场景——该产品服务要精确地向人们提供有关产品服务感受的体验性提示，要与客户需求有高度的契合性，并能增进人们对企业的了解（例如，从之前的互动中）。因此，产品服务需要被设计成帮助客户想象关于他们应该期望的体验价值的场景。同时，设计还应确保在使用过程中，当客户体验到服务（随着时间推移与接触点进行交互）时，他们会感觉到他们已经知道服务的存在，这要归功于这种引导。因此，为体验而设计意味着能够清晰地引导客户，并通过使用准确地传递这种引导。

6.4.3 向别人讲述服务体验

由于服务不是有形的，所以我们不能向他人展示我们所拥有的服务体验。服务不像汽车、椅子、杯子或其他实物产品，可以展示给人们欣赏它的形式、材料和构造。关于家居装饰的杂志有很多，里面都是可爱的照片，但是关于服务的照片却很少——因为你能从视觉上感受什么呢？很难展示我上一次乘坐瑞安航空（Ryanair）时有多不舒服，也很难展示我在哥本哈根乘坐 14 路公交车时有多愉快。但我可以把它作为一个故事讲给别人听，在故事里，我可以强调情感、人和突出的东西（好或坏）。在设计服务时，需要寻找那些能成为好故事的内容：戏剧化的故事发展曲线、演员阵容，以及精心设计的难忘事件。如果按照故事提示法来设计服务，你会发现人们会自觉地用这些提示来讲述故事，这创造了一个积极的体验循环。

派恩（Pine）和吉尔摩（Gilmore）在书 *The Experience Economy*（哈佛商业评论出版社出版）中使用了"体验登台"（staging of experiences）这个词语，我认为这很好地描述了"为体验而设计"。从戏剧意义上来说，你可以为体验设计一个舞台，雇佣相关的演员，设置场景，并影响预期——但只有在交付服务的关键时刻，客户才能体验到。

把讲故事作为体验设计的一部分

在马克·斯蒂克多恩（Marc Stickdorn）等人合著的 *This is Service Design Doing*（O'Reilly 出版社出版）一书中，舞台化的方法和戏剧化的故事发展曲线被描述为体验设计的设计工具。

workplayexperience 是认同这一理念的公司之一。它是由剧院人员创立的，将戏剧化知识作为设计工具，致力于将讲故事作为设计难忘服务体验的一种方法。

来源：*This is Service Design Doing*

6.4.4 服务需要个性化

詹妮弗·艾克（Jennifer Aaker）是品牌大师大卫·艾克（David Aaker）的女儿，她跟随父亲的脚步，并凭借自己的努力成了一名品牌专家。她花了很多时间研究品牌个性，并证明了服务也是个性化的。[13] 我们通过赋予服务人类特征来创造意义，这有助于我们理解它们。

实际上，无论有意或无意，服务总是具有个性的，而且我们也经常使用术语"个性"来描述服务遭遇。组织需要事先选择一种个性，并通过产品服务和接触点来实现。

对服务个性的讨论并不多见，许多企业冒着稀释品牌和让客户困惑的风险，让它自然存在。现在花几分钟想想你的服务的个性，然后再想想客户是否同意你的描述。如果你不知道客户如何看待你的服务个性，那就去问一下他们。结果可能会令你感到惊讶。

因为个性化服务能够帮助客户与他们生活中遇到的概念和个性建立联系，因此，个性化服务使客户更容易调整他们对服务的期望，从而帮助他们寻找并使用该服务。它还可以帮助项目团队成员设计服务互动，从而帮助一线员工了解应该如何与客户建立联系。第 7 章将会更加详细地介绍体验价值主张，以及组织基因是如何被转换成个性特征、个性、行为和语调的。这些是可以在产品服务中沟通的关键方面，并且可以根据体验进行设计。个性化服务让我们能够创造期望，并让我们能够更轻松、更舒服地互动（因为我们已经"知道"了服务的一部分），此外，还让我们能够更容易地就后续服务进行沟通。

6.4.5 轻推，眨眼

当根据体验进行设计时，需要结合轻推和眨眼的元素。"轻推"就是利用行为洞察力来开发通过接触点呈现产品服务的方式。[14] 而"眨眼"可以应用于产品服务本身，例如同时开发产品服务、个性和语调等方面，用客户渴望的体验来吸引客户。这些可以通过对功能性、可用性或愉悦性等方面的彻底改善来实现。

"轻推"和"眨眼"都可以而且应该融入产品服务的设计中，它们采用对比鲜明的方式来提供令人难忘的体验。这里不再详细介绍有关"轻推"的内容，因为已经有很多比我更擅长这方面的人，就此专门著述讨论。重要的是，在设计阶段，团队要意识到"轻推"以提升客户体验的潜力。

6.4.6 为当下和彼时而设计

在设计服务时，需要根据服务交付时的体验进行设计，同时还要考虑服务之后的记忆方式。图 6-3 中建模的医疗保健示例显示了它们之间的关系，但又有所不同。正如你所看到的，病人在治疗中叙述的体验与后来回忆的有所不同。这是很自然的，因为在医疗过程中，结果有高度的不确定性，而在治疗结束后，这种不确定性也就消失了。

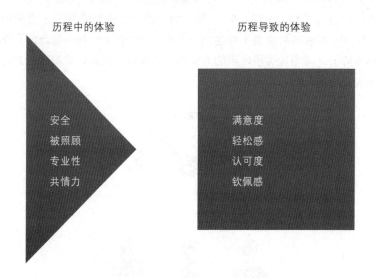

历程中的体验　　　　　　　历程导致的体验

安全　　　　　　　　　　满意度
被照顾　　　　　　　　　轻松感
专业性　　　　　　　　　认可度
共情力　　　　　　　　　钦佩感

图 6-3：服务交付期间的体验与服务之后的体验不同（本例为医疗过程），两者都需要设计

我们从自动提款机中取出现金时的体验，将不同于事后回忆的体验。历程中的体验通常与使用时的轻松和愉快有关，而在真正体验前，它们与产品服务的可取性或吸引力有关，在真正体验后，则反映的是与预期有关的体验的总和。就好像是在经历了一段体验之后，对这项服务进行了某种形式

的情感计算，其中的预期、使用和结果被集成并存储起来，供以后使用（顺便说一下，这就是为什么净推荐值会被推崇，尽管它有很多缺陷）。

6.4.7 正合他意

正如我们所讨论的，欲望或者说意愿，颠覆了市场营销，因为人们在寻找、谈论、追随它。设计理想的客户体验需要以下三方面的独特组合：

- 功能性——服务的功能
- 可用性——做这件事有多容易
- 愉悦性——使用前、使用中、使用后的感受

合意性（desirability）是这三个基本要素的组合，它符合你的企业的独特特征——体验基因（见图 6-4）。所有的产品和服务都是这三个方面的组合，设计产品服务时需要了解这三个方面。功能性关注服务能给客户带来的功能价值。可用性关注使用的方便性、简便性。愉悦性是指客户在使用产品或服务前、中、后的感受。

合意性

图 6-4：每种体验都是功能性、可用性和愉悦性的综合。在任何一个项目中，关键是要讨论三个基本要素的组合，并找到最适合这个项目和服务提供组织的组合

同样，每个项目都包含三个基本要素的独特组合，在设计过程中，必须要讨论适合项目以及组织体验基因的组合。这是项目的基础，应该在一开始就解决，以免发生偏移。

6.4.8 外观和感觉很重要

之前我曾提到过安杨·查特吉（Anjan Chatterjee）的一本书 *The Aesthetic Brain*。它描述了从美中获得快乐是我们与生俱来的普遍特征，因此不可低估美的设计对体验的重要性。好的设计可以通过功能性、可用性和愉悦性的集成，转化为令人难忘的体验。它预先为我们的期望做好铺垫，在使用过程中帮助我们，并通过我们所体验的一切编织出一条美丽的红线。

6.4.9 为非凡的普通体验而奋斗

卓越体验是对体验承诺的兑现。它们没有一个肤浅的表层，它们符合企业的品牌和传承。难忘的体验并不总是意味着娱乐。下面我将介绍"非凡"的体验（见图 6-5）。

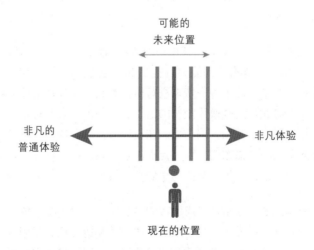

图 6-5：非凡的普通体验和非凡体验是一个连续体。非凡的普通体验之所以令人难忘，是因为它只是做好了本职工作；而非凡体验之所以令人难忘，则是因为它有丰富的体验细节

派恩（Pine）和吉尔摩（Gilmore）在他们的突破性著作 *The Experience Economy* 中讨论了体验的娱乐价值，以及娱乐体验如何为一种新的经济产品做出贡献。不幸的是，这本书的读者会误认为所有的体验都必须具有娱乐价值。尽管他们把重点放在体验对市场的重要性上是正确的，但他们暗示体验必须具有娱乐价值却是错误的。这导致人们越来越多地尝试在普通服务的蛋糕上添加一些娱乐性的装饰点缀，而不去努力理解何为产品服务的正确体验。娱乐附加内容掀起了一股广告浪潮，经常使用诸如"享受（产品名称）体验"之类的文字。所有这些服务的共同之处在于，它们都隐含着一种虚无缥缈、令人难忘的娱乐体验，但却无法将其传递下去。当使用这些服务时，通常会失望地发现一些在非常普通的产品之上所做的不协调的设计。

这是一个"优质普通体验"的时期，就像在非常普通的蛋糕上撒上一点糖霜，作为一种优质或令人兴奋的体验出售。客户看透了炒作、承诺，变得失望。这导致客户质疑"体验"这个术语，并意识到交付才是价值的关键，而非承诺。所以，永远不要把娱乐作为产品的表层，除非它非常符合企业的基因。娱乐不会起作用，而且它对企业声誉造成的损害比它所能带来的短期利益要深远得多。

研究员莫里斯·菲廖（Mauricy Filho）和我一起创造了一个术语"非凡的普通体验"，以描述具有高功能价值、但不一定具有娱乐价值的服务体验。你是否曾去某修车厂修车，一切都进行得很顺利，而且把这件事告诉了别人？这是一个"非凡的普通体验"的例子。这些体验确实有效，而且效果非常好，超出了你的预期。因为他们在设计服务时，提供了更多、更好或者更一致的那么一点点东西。那一点点不是娱乐，而是良好的功能性和易用性。你会记得这样的体验是因为它们真的很棒。

非凡的普通体验是对日常产品或服务的难忘体验。对于非凡体验，我们可以用"怦然心动"来描述，具有很强的体验性和情感性。我们可以在一个量表上把从非凡的普通体验到非凡体验画出来。这两种类型都可以通过出色地完成工作，而使自己与众不同。

企业的工作是充分了解企业自身和企业的体验基因，以便能够自信地将自己放在这个连续体上。然后，考虑沿着刻度向哪个方向移动才是正确的。应该为体验增加更多的丰富性，还是应该削减丰富性增加功能性？这种定位是你未来发展和成功的关键，这并不总是意味着要扩大规模。许多公司从非凡的普通体验中获得了巨大的成功。

《孙子兵法》/ 爱的兵法

请允许我这样说：《孙子兵法》是我攻读 MBA 时专门研究过的一本书，也是很多领导者都感兴趣的一本书。毕竟这是一个商业困难期，孙子智慧的适用性显而易见。我总是惊讶于有那么多的公司不太了解自己，而书中有一句特别的话引起了我的共鸣，从那时起就一直萦绕在我的脑海中：

> 知己知彼，百战不殆；不知彼而知己，一胜一负；不知彼，不知己，每战必殆。

今天早上，我写了一篇文章，说恨和爱其实是非常接近的，不好的客户体验很容易让客户产生反感。这让我们不禁要问，孙子智慧是否可以应用到战争以外的东西，如体验设计？那么，推而广之，我们可以说战争和爱是紧密联系的，也许他的作品能让我们洞察爱的艺术（因为我们知道，好的体验和爱会刺激大脑中相同的部分）。如果是这样，那么他很可能会这样表述这种想法：

> 如果你明确知道想要给予的体验，也了解自己的企业，那么在与客户的互动中，你永远不会受到威胁；如果你不能明确知道想要给予的体验，但了解自己的企业，那么你会赢得一些客户，也会失去一些客户；如果你既不能明确知道想要给予的体验，也不了解自己的企业，那么在与客户的每一次互动中，你都会受到威胁。

这对我来说很有意义，它体现了以体验为中心之环的核心元素：了解自己的企业（体验基因）和想要给予的体验。希望这对你也有意义。希望孙子不会因我试图用他的理论来解释爱（而非战争），而怪罪于我。

6.4.10 避免"普通优质"体验和"优质普通"体验的陷阱

我们都经历过"普通优质"服务和"优质普通"服务，但是它们在体验方面都不尽如人意。优质普通服务承诺了一些比普通服务更好的东西，但却不会实现。而普通优质服务故意将自己定位于优质服务的层次上，收取额外费用，表面上看起来可能像是独家服务，但基本上只是收取更多费用，却没有兑现承诺。两者都处于一个令人不愉快的体验低谷中，其承诺并没有带来更好的体验：一个是普通的服务，另一个是在并不属于它的层次上的普通服务。得到的仍然是添加了一点所谓"体验"的糟糕服务。你可能会尝试对功能不佳的服务进行快速改造，以"添加一点体验"，但请不要这样做。这样做不仅会腐蚀你的品牌，也让客户不满意。而且，正如前面提到的，客户不满意会离开你，并把他们的失望告诉其他人。你正在为那些看起来可以快速取得胜利的东西而摧毁价值，并且需要很长时间才能从中恢复过来。

6.4.11 支持非脚本体验

在阅读了"如何把世界当作场景"来体验的内容后，你可能想把自己的体验写成脚本，以此来创造持续良好的体验，这种想法是正确的。但是，不能将"脚本"编写得太死板。编写与客户交流的"脚本"，在美国要比在世界上其他地方更常见，正如前面所讨论的，麦当劳可能是最好的例子。在麦当劳，与顾客的话术是精心编写的，包括对额外薯条的促销等。这种方法的优点是可以获得很强的一致性，并且预期与体验之间的循环由于被仔细地打磨而变得更加稳定。缺点在于，生活不是一场戏，出人意料的情况时有发生。当这种情况出现时，遵循脚本可能会降低体验满意度。

但是，在许多情况下，优势也是劣势，因为与脚本的高度一致性，并不会让客户难忘或愉快（见图 6-6）。为保持业绩，企业必须不断更新其产品，因此，随着时间的推移，坚持照本宣科很容易受到其他经验更丰富的对手的攻击。

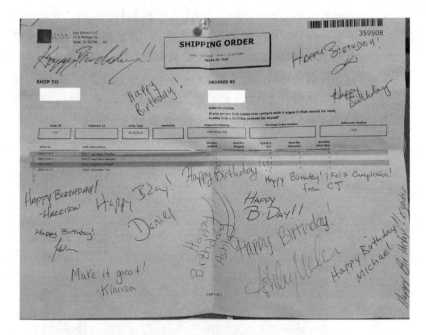

图 6-6：非脚本行为可能会让客户感到惊讶和高兴。这位为自己订生日礼物的顾客要求在订单上签名，收到的回复让他欣喜若狂，他在 Reddit 上发布了自己的订单，获得了数千条点赞。这种事情不能完全写进脚本，这是企业文化的一种很好的表达

来源：Reddit, 2018

以非凡的普通体验获得成功

亚马逊（Amazon）和易捷航空（easyJet）这两家公司通过设计、坚持和改造它们非凡的普通体验取得了巨大的成功。企业努力提供非凡的普通体验，也确实成功了。我们都知道亚马逊，你不会认为其产品服务是高设计感或具有娱乐性的，但它确实很好用，而且每次都很好用。

易捷航空（easyJet）是一家大型欧洲廉价航空公司，经常与价格最低的瑞安航空（Ryanair）竞争。但易捷利用体验进行竞争，多年来一直坚持不懈地调整自己非凡的普通体验。从易捷航空的广告，到电子邮件通知，再到机长广播，一切都支持该公司

的体验价值主张：年轻、自由、轻松的旅行。同样，它也确实有效，而且效果很好。调查结果显示，其主要竞争对手瑞安航空在 2017 年秋季发布了两次盈利预警，并在去年承认客户不仅想要低价机票，还想要像样的飞行体验。直言不讳的瑞安航空首席执行官迈克尔·奥利里（Michael O'leary）[15] 在 2017 年 11 月承认，易捷航空"在客户服务方面完全打败了我们。"奥利里还没有意识到他有多少工作要做。

来源：易捷航空（easyJet）

6.5 尾注

[1] "Death of the Rational Economic Human" 是丹麦《政治报》（*Politiken*，2015 年 10 月 21 日）上的一篇文章，描述了丹麦政府如何将早期经济模式建立在公民以理性经济方式行事的基础上，而现在又将人类行为的新知识应用到政策制定中。

[2] Dan Ariely, *Predictably Irrational* (New York: HarperCollins, 2008). 这本书总结了已经发表的关于我们非理性决策行为的文献，是理解我们在决策时的各种偏见的一个很好的起点。

[3] Lisa Feldman Barrett, *How Emotions Are Made: The Secret Life of the Brain* (Boston: Mariner, 2018). 巴雷特是东北大学的心理学教授，这本书总结了神经心理学的最新研究成果。

[4] Richard Held and Alan Hein, "Movement-Produced Stimulation in the Development of Visually Guided Behavior," Journal of Comparative and Physiological Psychology 56, no. 5 (1963): 872-6.

[5] Barrett, *How Emotions Are Made*.

[6] Kristopher Smith et al., "Hunter-Gatherers Maintain Assortativity in Cooperation Despite High Levels of Residential Change and Mixing," *Current Biology* 28, no. 19 (2018): 3152-7.

[7] 唱片宝贝（CD Baby）的信已经不再寄出了，但是在网上已被多次提及。例如 https://selnd.com/2WdQlM9 所载信件。

[8] Al Ries and Laura Ries, *The 22 Immutable Laws of Branding* (London: Profile Books, 2000).

[9] Tomohiro Ishizu and Semir Zeki, "Toward a Brain-Based Theory of Beauty," *Plos ONE* 6, no. 7 (2011): e21852.

[10] Semir Zeki et al., "The Experience of Mathematical Beauty and Its Neural Correlates," *Frontiers in Human Neuroscience* 8 (2014): 68.

[11] Donald A. Redelmeier and Daniel Kahneman, "Patients' Memories of Painful Medical Treatments: Real-Time and Retrospective Evaluations of Two Minimally Invasive Procedures," *Pain* 66, no. 1 (1996): 3-8.

[12] Russell W. Belk, Güliz Ger, and Søren Askegaard, "The Fire of Desire: A Multisited Inquiry into Consumer Passion," *Journal of Consumer Research*, 30, no. 3 (2003): 326-51.

[13] 詹妮弗·艾克（Jennifer Aaker）在几篇文章中谈到了品牌个性。下面的这篇文章很好地总结了这个概念：Jennifer L. Aaker, "Dimensions of Brand Personality," *Journal of Marketing Research* 34, no. 3 (1997): 347-56.

[14] Richard H. Thaler and Cass R. Sunstein, *Nudge: Improving Decisions about Health, Wealth, and Happiness* (New Haven, CT: Yale University Press, 2008).

[15] Nathalie Thomas, "Ryanair's Michael O'Leary: easyJet 'Wiped the Floor with Us,'" *Daily Telegraph*, November 21, 2013, *http://bit. ly/2Wdvwk3*.

第 7 章

体验转化：从体验基因到客户体验

体验基因是组织的主要资产，本章将解释如何将其转化为适合客户的正确体验。一次成功的转化不仅会发展独特的体验，也会使竞争对手很难复制。

最近我搬到了丹麦，并找了一位新的家庭医生。由于都是在斯堪的纳维亚半岛，所以一般的福利模式是一样的。然而，由于我脑子里一直在想着这本书（但更主要的在于我是个书呆子），我敏锐地意识到我是怎样了解医生行医过程中的体验的。我对每一个接触点都进行了反思，并利用这些小的体验时刻，像拼图一样拼凑出他们服务的个性。我不仅仅是指医生的个性（尽管这是其中的一个主要部分），而是指由我所有的小互动构成的整个服务的个性。从预约到验血、查看结果、咨询、在候诊室等候，再到与医生交谈，我根据多个简短的体验，整理出了一个连贯的故事。这包含所有的细节，比如候诊室里的家具、墙上的画，甚至是钢笔。在以上所有接触点的基础上，构建了一个包括个性、行为、语调和互动风格等在内的医生行医故事。

然后我问自己，我为什么要这样做？如果你读过第 6 章，你就会明白我收集信息是为了在头脑中创造场景，为将来就医做准备。我在学习那个特殊的地方是如何以体验的方式运作的，这可以让我未来的生活更轻松。我会知道一大堆让生活更轻松的体验场景线索，如如何与医生交谈、预约时需要什么信息，进入候诊室时该如何表现等。通过更仔细地观察，使用本书中的术语，以及基于与不同接触点的互动和体验历程，我正在解码这次产品服务。不仅如此，我还为自己总结了一个关于本次就医体验的故事，这样就不会占用我太多的记忆空间。

换言之，我通过体验金三角（参见第3章）在头脑中创建一个体验式图像，基于随时间推移的互动拼凑所有接触点的互动，然后以最简单的方式（如产品服务、体验、基因相结合的形式）存储在记忆中。

体验转化也有类似的作用，只不过它是谨慎的设计过程的一部分。转化是一种有效方法，可以确保客户在所有接触点互动中获得的体验，全部都是企业体验基因的清晰描述。要做到这一点，你需要用一种方法来总结体验基因，这样它就可以作为设计过程的一部分。这是一个体验平台，一个体验基因的浅显表达，但描述的方式可以用于设计目的。我怀疑给我看诊的那位家庭医生在设计他的诊所时根本没有考虑过这一点，而且这一点很清楚。他也为此付出了代价，因为我看到病人流失得很快。

根据体验进行设计是一个关于多种转化的过程。将客户的观点转化为一种理想的体验和产品服务，将其转化为接触点和历程，并将其转化为企业架构和企业文化。一直以来，企业都在转化其体验基因，并在每一个决策中使用它。

7.1 为什么需要转化

如果没有目标，你能瞄准什么？企业如果不知道自己希望客户拥有什么样的体验，那又怎么能做到提供体验呢？好的体验不是依靠魔法或偶然实现的，而是通过引导、理解和指导才能实现的。

转化和让领导层参与转化最重要的原因是，希望能确定方向，并就将重点放在企业个性和期望的体验上达成一致。这既显示了意图又显示了方向，并确保两者一致。

除此之外，当开始开发实现这种个性的服务时，需要将目标个性和客户体验传达给设计团队。

本章主要介绍从企业体验基因到客户使用服务时的体验的转化。本章描述了企业如何创建可在整个企业中使用的体验平台，并将该平台作为标识想要提供给客户的体验以及设计项目细节的一种手段。通过这种方式，体验平台在企业内形成了一个标准。此转化过程可以用以下公式来总结：

$$体验基因 \times 转化 = 体验平台$$

如果你现在已经拥有了一家企业并对其有很强的品牌掌控力，那说明你在这项工作上进行得很顺利。你可能已经为你的服务或企业培养了个性。按照我以往的经验，大多数企业会将其品牌转化为价值观和视觉标识，但很少有企业会定义其企业个性或希望提供的体验。以体验为中心的企业需要明确它想要提供的体验，这意味着超越视觉标识。

体验平台是一个参考点，应该被视为以体验为中心的企业的基本组成部分之一。它建立并总结了企业的体验基因，以体验的方式对其进行描述，以便在设计过程中使用。每一个企业都有自己的体验基因，它定义和描述了它能提供什么和不能提供什么，以及它能为客户提供什么样的体验。然而，体验基因是企业的品牌、传承、组织和市场地位的复杂混合体，需要以一种有凝聚力的方式进行转化，以帮助进行体验设计。通过将企业基因转化为参考平台，你可以创建一些东西，供企业员工在定义希望客户体验服务时看到和感受到的东西的过程中进行参考。它成为一个意图声明、一个目标和一个设计参考工具，并且合而为一。

7.2 从视觉标识品牌到体验组织

品牌专家将认识到这种转化的必要性，可以说这是一种良好的品牌推广。理论上我会同意，但实际上，"品牌"已经成为视觉标识的代名词。令人惊讶的是，已有那么多组织开发了视觉标识手册，而不是体验手册，以此来转化它们的品牌。这可能是产品思维的延续，在产品思维中产品是主要的关注点，而品牌需要通过形象标识（Logo）、网络展示和包装来识别。

然而，正如我们在第 3 章中看到的，客户体验是由接触点、行为、个性和语调促成的，所有这些都不在传统的品牌手册中。

在本书中，我们一直使用"体验"和"体验基因"这两个术语，因为"品牌"这个词已经被误用和误解了。以体验为中心的企业不仅仅是品牌，因为这个词在今天已被普遍使用，所以我们需要一个特定的、以体验为焦点的新术语。品牌经常被认为是一种承诺，即通过广告进行承诺的一种手段。相反，以体验为中心的企业只交付与客户共同创造的体验，这是我们从现在开始关注的焦点。换句话说，企业品牌虽然很重要，但它只是体验基因的一部分。

转化就是将客户体验与企业的体验基因联系起来，并以此培养个性、行为和语调等，以对企业的视觉标识进行补充。这并不是否认视觉标识的重要性，而是将其置于客户体验的大背景下，使视觉标识成为客户体验的内容之一。现在我们要关注其他内容了。

7.3 体验至上：以体验为中心的宝典

虽然这与公认的结构化分析方法背道而驰，但从精心设计令人满意的体验开始，然后再进行逆向推理，似乎是合乎逻辑的。客户体验是创造价值的地方，所以从那里开始很有意义，不是吗？精心打造令人满意的体验会吸引客户，而且口碑比广告更能吸引客户的注意力。体验之所以能找到市场，是因为它们能让你得到客户的关注、分享、评论、推荐和支持。要做到这一点，体验匹配是关键；必须从良好的体验开始，该体验可以让客户更好地了解产品服务，并且与企业和企业传承相契合。良好的体验不仅能给客户带来意义，也能给企业带来意义。如果你没有强烈的欲望去提供那些让你感到自豪的体验性的东西，客户会看穿你，并认为你是虚假的。

7.3.1 双向体验基因匹配

体验金三角的三个要素之间有着密切的关系：体验基因、体验式产品服务和体验本身（见图 7-1）。它们由以体验为中心之环提供动力，因此整个企业都支撑它们。

图 7-1：体验金三角描述了体验基因、体验式产品服务和客户体验之间的密切关系

从体验开始使用体验金三角，要求逆向推理，来描述提供体验所需的产品服务。如果是创业公司，则可以用这种方法来定义体验基因。如果是相对成熟的企业，则需要更充分地发挥体验金三角的作用，以确保基因的匹配。按照这种方法，从体验平台开始，来讨论能够提供的客户体验。

事实上，当进行创新时，你会不断地在从体验开始、从体验基因开始或从产品服务开始三者之间进行切换，但始终把重点放在最终的客户体验上。你可能会有这样的对话：

- 客户到底想要什么样的体验？
- 如果提供某种产品服务，届时客户体验会如何？
- 我们能提供什么样的体验？这是体验基因的自然结果吗？

每一种方法都是使用体验金三角的自然方式，创新可以来自三个组成要素中的任何一个。关键是，最终这三个要素要和谐地结合在一起，这样客户就能感受到从体验到产品服务，再到企业基因有一条清晰的界限。这是一种设计思维方法，把"可能是什么样子"作为体验的基础。这种方法还要求对企业和客户有同样的了解，这样提供的产品服务才是客户想要的。

7.3.2 适配或延伸

客户体验必须与体验基因适配，因为整个企业都是交付的一部分。错配会面临很高的失败风险。但是在战略上有两种选择，或是开发出与之完美契合的东西，或是将企业延伸到一个新的方向。延伸是一种以特意改变体验基因为目标的方法，这将导致企业的变革。延伸的程度取决于企业——你必须非常了解自己的企业，以确保它能够开发出新的能力，并进行延伸以适应企业所选择的新体验。体验基因不是一成不变的，但它的变化非常缓慢。这里的术语"适配"确实包含一点回旋余地，可以让企业向体验延伸，这样就可以在每次创新时有意识地推动企业变革。

7.4 创建体验平台

转化过程包括三个步骤，最终形成一个能够支持设计决策的体验平台，并反过来影响企业的体验基因。

转化的三个步骤是：

1.   确定企业的体验基因。
2.   将其转化为服务个性，并举例说明它的行为和语调。
3.   构建服务个性，以发展在企业内部使用的体验平台。

然后，你可以开始创建设计原则，迭代并使用为设计创建的平台。

7.4.1 识别体验基因

作为本书的读者，正如你自己的基因是你作为一个人生活的代码，体验基因是为企业设置的代码，它定义了企业可以提供和不可以提供的体验。体验基因是一个混合体，其中包括你是谁、你曾经是谁、你想成为谁，它平衡了客户视角和企业视角。因此，内部文化和客户观点在体验基因中都扮演着重要的角色。

尼古拉斯·因德（Nicholas Ind）是一位品牌大师，他的名字在好多书中都曾出现过。他曾为阿迪达斯（Adidas）和巴塔哥尼亚（Patagonia）等商业组织，以及联合国儿童基金会（UNICEF）等非营利组织工作或跟它们合作过。正如他所说，关注体验是企业文化的一部分，这一点对他来说很重要。

体验是品牌的核心，企业现在面临的挑战是如何建立和保持它们的体验地位。品牌不是承诺，因为如果你要做出承诺，那就意味着你可以控制它的结果。品牌能提供一种产品服务，会对体验有影响，但不能控制体验。当品牌融入其中时，它就塑造了体验。它创造了一种期望，并采取积极的行动来满足这种期望。控制结果是不可能的，因为体验是预先定义的。一些在品牌控制之外的人可能会影响这种效果。以猫途鹰（Trip Advisor）公司为例，它可能会对你在其他地方预订的旅行产生巨大的影响。

企业必须清楚它的品牌代表什么。例如，乐高（LEGO）回归了它们所代表的东西。以开放的态度，允许其他人共同创造。但要做到这一点，必须重新定义品牌。如果要给予自由，你还需要清晰度和有序。品牌清晰度很重要，需要对品牌有深刻的理解。对于乐高，这意味着回到它的根，理解它的过去。这同时从内部和外部赋予了它真实性。

我认为，体验基因和品牌基因几乎是一回事，两者都与你的根有关。要发现你的基因，就需要了

"我们常常迷恋未来，而忽略了品牌从何而来。"

解你来自哪里。我们常常迷恋未来，而忽略了品牌从何而来。阿迪达斯一直擅长理解它来自哪里，并且从过去带来了关键的东西。真实性就是关键。

这也与外部如何看待理解你有关。哥本哈根商学院（Copenhagen Business School）的马肯·舒尔茨（Majken Schultz）谈到了形象是如何影响身份的。需要理解别人如何看待你，以及你如何看待自己。然后你需要考虑这是否反映在了你所采取的行动中。

问：企业是否善于理解周围的文化？

理解周围的文化，并对其做出适当的反应是非常重要的。有些公司擅长于此，并能做到与周围的世界相协调。但许多企业变得盲目，长时间以来仅从自己的角度看事情。这导致你很容易对周围发生的事失去更广泛的理解。

我们正处于文化迅速变化的时期。例如，苹果公司的零售体验显示了文化是如何迅速吸收新事物的。当苹果公司开创这一服务时，这是一个全新且令人兴奋的理念。但随着时间的推移，它失去了特殊性，这就产生了更新的需要。知道何时改变是关键，这需要你不断地重新解释你是谁。

体验基因是由以下几种要素混合而成的：

- 使命、愿景和价值观
- 品牌战略和历史
- 自己如何看待自己
- 客户如何看待企业
- 企业的传承（包括企业自身和客户的看法）

许多企业认为它们了解这些事情，但实际上它们的理解基于片面的信息，而不是基于全面的阐述。识别体验基因通常是它们第一次对企业形成平衡的内部和外部体验观。迈出这一步，然后根据识别出的基因采取行动，是通向以体验为中心的路上的一个重要里程碑。一旦你做了这项工作，你就会想为什么不早点这样做。

 假设你的服务是汽车品牌

我曾与一家服务机构的领导层进行过一次激烈的讨论，让他们将自己比作一个汽车品牌。经过讨论，他们花了一个小时提出希望自己的服务要类似于萨博（Saab）和奥迪（Audi），前者拥有强大而微妙的北欧设计感，后者拥有丰富的驾驶体验和德国人式的效率。最后，他们确定了一个有明确定义的组合。

这场细致入微且充满激情的讨论与领导层讨论企业情感方面其他问题的方式形成了鲜明对比。通过使用类比（例如超市、人

群、航空公司），我们能够进行详细的讨论，从而获得适配的体验。公司继续将新确认的体验基因与其产品服务、接触点以及服务方式的基础进行匹配。

如果你在一家创业公司工作，你就有机会创造出属于你自己的体验基因。这通常通过对客户、初创合作伙伴使命的了解和产品开发之间的相互作用来实现。

这一过程的结果是对公司有长期影响的基因描述，只有随着市场环境的变化，才能逐步有组织地更新。

不隐瞒任何东西

要影响人们的情感，需要对企业和你想影响的人有深刻的了解。从音乐的角度来看，音乐家们从个人的体验出发创作出好作品并不少见，这也是多年来音乐能在情感上产生共鸣的原因。例如，乔妮·米切尔（Joni Mitchell）曾经说过，她的听众与一首好歌的真诚有关，因为"它触动了他们生活的神经"。她接着补充道，"要做到这一点，你必须首先触动你自己。"

探索自己企业的基因，并接受一些残酷的事实可能是痛苦的。但这一过程很重要，它能够让你深刻理解自己的企业，不隐瞒任何东西，并确信你将从中创建一些奇妙的东西。这并不是我想把新时代的所有东西一股脑地甩给你，但要转化情感首先需要你本人理解情感。

我建议与外部专家一起确认体验基因，并将其作为长期合作的一部分。这是因为你自己的内部观点经常会歪曲结果，所以你很可能需要独立的外部观点。我推荐长期合作，因为了解基因只是第一步。然后你必须能够应用它，并且以后很可能需要对此提供支持。而且，你需要密切参与，因为内部观点需要讨论，这也是创建企业一致性的关键。你可能还会发现体验基因挑战的结果，并更新品牌。在几乎所有与我合作过的体验基因项目中，品牌都作为工作的一部分进行了更新。

7.4.2 将基因转化为服务个性，并举例说明

第二阶段是提取体验基因，并详细描述它，就好像它是一个创造服务个性的人一样。通过这种方式，可以让公司的基因具有人性化的面孔，并描述当客户（或员工）与企业交互时，你期望的企业体验行为和语调。成功的转化将形成一种可用于设计和评估的个性，通过接触点和客户历程实施时将闪耀着光芒，对客户来说清晰可辨。

就像作家在小说中描述某人的个性，让你觉得你也非常了解那个人一样，你应该充分地描述自己的服务个性，让你觉得自己对服务也有很深的了解。当选择了正确的个性时，它会在企业内注入信心，因为员工认为这是企业基因的反映。好几次我听到人们说，"哇，这就是我们！"

服务个性

服务个性是最近兴起的概念，以品牌个性为基础，但又专门针对服务的特点 [2]。品牌个性在很长一段时间内一直被认为是品牌建设中的一个重要概念，但主要是针对产品型企业。这个术语起源于 20 世纪 50 年代的广告业，并在 70 年代末发展起来，用来描述产品的非功能性特征。它后来成为一个常用的、实用的术语，用来评估品牌的非产品性、非功能性维度。

由于詹妮弗·艾克（Jennifer Aaker），这一术语在 20 世纪 90 年代引起了广泛的争论和讨论。她将品牌个性定义为"与品牌相关的一组人类特征"，并进行了确定五个关键个性维度的定量研究 [3]。她于 1997 年发表的关于这个主题的文章对市场营销很重要，强烈地影响了当时的品牌观念。艾克的五个关键个性维度被批评为有局限性的，而且尽管大家一致认为品牌个性在概念上是相关的，但批评家们对其核心因素、组成部分和跨文化性等持不同意见。这在很大程度上是由于人们希望在定量研究中使用可靠且独立的可量化因素。

品牌个性在目的地旅游中经常使用，也是艾金西（Ekinci）[4] 在 2003 年提出的目的地品牌模型的核心。此外，墨菲（Murphy）等人 2007 年的研究 [5] 表明，游客能够识别和转化旅游目的地

的品牌个性。品牌个性还可以从特定接触点的设计方面进行研究（例如葡萄酒标签），以展示如何利用它来评估一个商店的品牌个性。阿苏莱（Azoulay）和科普菲尔（Kapferer）将品牌个性与行为联系起来，这与服务的品牌化有着特别的相关性。他们[6]指出：

事实上，个人的个性是通过他们的行为展现出来的并为别人所了解，同样，消费者也可以通过感知到的沟通和"行为"来了解品牌个性。

因此，品牌个性一词在品牌，特别是服务品牌中有广泛的应用和重要意义，而且适用于服务"多个接触点"的观念。我在工作中进一步扩展了这一概念，并构建了"服务个性"的定义[7]。

我们综合使用文字、图像、音频和视频来描述服务个性，与其他现有品牌和个性类比也是一种有效的方法——不是因为你应该模仿它们，而是因为它们包含我们都能理解并可以关联的元素。

冷热法

在斯堪的纳维亚半岛、英国和美国，每个复活节孩子们都会玩一种名为"热与冷"的游戏来寻找藏起来的复活节彩蛋。在孩子们寻找并快要接近彩蛋的时候，观看者会给他们一些提示，比如"你变暖了""你变冷了""你变热了""你烧起来了"！同样的方法也可以用来寻找适合你的企业的个性，这是我与其他公司合作时多次使用的技巧。

我们配备了优秀的演员、作家、打印机和摄像机，探索了不同的服务个性，以便能找到适合的服务个性。在选择了最初的体验关键词，并讨论了体验基因之后，我们根据每个关键词和几个异常情况（轻微但有点挑衅的行为）编写了一个与客户会面时使用的脚本。脚本是与领导层一起完成的，我们用"更温暖"（更像我们）或"更冷淡"（也就是更不像我们）来评估他们的反应。我们首先需要谨慎地使用这些术语，因为团队通常无法确切说明为什么个性不起作用。人们会说，"这离我们有点近，但它缺少一些 X"，有时可以具体描述出来，有时不能。在经过广泛的第一轮冷热法练习之后，脚本根据反馈重新编写，然后再次表演和拍摄，并不断重复。在几次迭代后，最终得到了被精准定义、细化并达成一致的体验式表示。

正如我已经提到的，体验某种体验的唯一方式就是去体验它，这也适用于服务个性。讨论和发现服务个性的最好方式是通过实例来体验它。这是因为我们通常不善于描述个性，但善于发现个性。作家和演员更擅长描述个性，而你最擅长发现它是否合适。因此，与人合作是非常有用的，比如通过优秀演员对不同个性的演绎，你可以找到最喜欢的表演。

在这个阶段，你和公司的领导层已就企业的完美表示达成一致。然后，可以逆向推理，并用文字和图像描述这个终点，以"捕获"服务个性和它提供的体验。

7.4.3 塑造个性，打造体验平台

作为转化过程的一部分，你必须在企业内部制定术语，以便讨论、协商并形成你希望的体验，这一点非常重要。这样当你找到你希望的体验时，你就能够向其他人解释它。但经验表明，我们对这些东西的描述相当贫乏，并且学习术语也需要时间。因此，在此过程中借助一些设计技巧是明智的。如果你正沿着以体验为中心的成熟度标尺前进，那么你很可能已经雇佣了一个设计师来充当首席体验官（CXO），或者也可能仍然在借助外部帮助。在这个阶段，重要的是要获得整个领导层的承诺和支持，因为他们必须在工作中支持和展现成果。不仅如此，领导层也代表了企业的一大部分，因此也就代表了体验基因。跨职能工作是成功的关键。

我的体验是，探索、开发和描述体验平台的过程与结果一样重要，因为它迫使领导者深入探察并理解体验。这不是可以外包、然后从设计师的帽子里变出来的东西，而是应该在整个领导团队内互相促进和共同开发的东西。

体验平台是对希望客户拥有的个性和体验的描述。它既包括用一段视频对个性进行视觉描述，也包括通过例子来展示如何表现期望的个性。它包括应用个性的一般接触点的例子。这使得人们可以沟通传达这种个性，这样

人们就能够体验到这种体验。从本质上讲，该平台描述了一个体验目标，其中包括了很多关于不同接触点和体验历程的例子。与其他标准类似，应该精心设计体验目标，这样就不用经常更新了。

获得服务品牌博士学位的莫里斯·菲廖（Mauricy Filho）将体验平台描述为品牌体验手册的一种形式。我不得不承认，这一术语让人费解，因为手册很容易让人联想到三环活页夹，里面有各种页面、图像和规格说明，而不是让人们体验这种体验本身的工具。而体验平台需要交互、时间和接触点，因此示例是交付成果的必要部分。这些示例是形成设计原则的基础。

太不可思议了！

最近，我给我女儿的移动电话运营商打了客服热线。这是一家年轻、时尚的移动运营商，客户服务代表也很年轻，显然他们在谈话中必须遵循以下两个原则：一是要热情，二是要找到可以称赞客户的积极的东西。我遇到了一个极端的版本，她过于热情，极尽夸张地夸赞我会说丹麦语、英语和挪威语，"哇，这太酷了。你会说这么多种语言。太不可思议了！"而这种夸赞令我感到不安。因为事实并非如此，我的丹麦语听起来像挪威语，而挪威语听起来又像丹麦语。这让我感到很搞笑，因为很明显，恭维是她受到的训练的一部分。我希望赞美也应当适可而止，至少不能太过夸张。真诚是关键，如果她是真诚的，我会觉得受宠若惊。事实上，它给人的感觉很蹩脚。

7.4.4 创建设计原则

当确定了适合企业的个性，并为满意的不同接触点准备好相应的示例后，接下来就是要在它们的基础上创建设计原则。在创建了接触点的具体示例之后，就可以制定设计原则，因为这些示例可以让你深入了解一些东西，比如为什么选择了某种特定的语调（见图 7-2）。

设计原则有很多种，从指导整个流程的高级版本（例如"从客户开始"），到交互的具体版本（例如字体和颜色要求）。体验平台的设计原则介于两者之间。它们既不是如何进行创新的原则，也不是具体的设计要求，但可以用来告知员工如何进行一项服务及相关的交互。根据体验基因和个性，它们可能包括一些指导原则，比如，与客户交谈（爱彼迎使用的原则），或者让其认识到与公司共同经历的历史（以积极的方式提醒他们是忠诚的客户），或者给予惊喜款待（百特文治（Pret A Manger）公司允许员工向客户赠送物品），或者运用幽默（这条原则来自一家我曾合作过的电信公司，它专门服务于年轻人）。体验基因和个性决定原则，你可以通过问"如果X发生了，个性会如何表现（以及它会说什么）"来进行思考。答案将帮助你确定企业的设计原则。

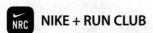

NIKE + RUN CLUB　　　　　　　　　　　19 分钟前

比你更忙的人现在正在跑步。出去，奔跑吧！

图 7-2：耐克的语调是为了激励人心，作为争取胜利心态的一部分，告诉你，你真的没有借口不跑步。但有些人可能会觉得这种语调具有挑衅性或侮辱性。当使用语调进行设计时，了解目标受众至关重要，而且你需要采取一个立场来引起人们的注意

7.4.5 检查即将建成的平台

平台建设不是一劳永逸的，应该定期进行改进。特别是需要保持与社会变化及其发展趋势的一致性（见第 10 章）。在此阶段，平台应包含以下内容：

- 关于企业的体验基因的总结
- 对企业的服务个性、行为和语调的描述
- 适用于不同接触点的个性示例
- 设计原则

总而言之，以上内容为设计新服务和改进现有服务提供了坚实的基础。它们也是发展服务体验这个宝贵过程中的一部分，并且无疑也将有助于在企业内部培养强大的体验焦点。现在，该平台已经可以作为一种评估手段使用了。

黄金标准体验

下图为长度和重量的 ISO 国际标准。它们被保存在受到控制的

大气和温度条件下，因此始终保持精准。

我们也应当这样关注想要提供给客户的体验，并将创建自己的标准作为企业的目标。这些标准将成为可以随时查阅和参考的内容，遵守这些标准可以帮助企业保持体验一致性和连贯性。

标准体验不是实物对象，而是以图像、文本或场景的形式出现，并且不能像重量或长度那样被精确定义。但是，在企业内部开发的体验平台将传达期望的体验。

来源：美国国家标准与技术研究院

7.4.6 使用平台进行设计

转化周期的最后一步：作为平台的一部分，交付设计的体验。这就需要将"黄金标准"个性作为企业设计工作的目标。这一步本身可能看起来微不足道，但事实并非如此。它需要在整个企业中实现专门的功能，并且可能需要相当多的工作来更新现有的接触点和过程。因此，在该平台正式推出之前，需要对其进行评估，以确保它能正常工作并提供预期的结果。要评估这个平台，应该在几个客户历程中做一些设计工作，确保项目设计团队将这个平台作为他们工作的基础。你可以将此测试一直进行到实施阶段，以便能够评估最终的客户体验，你也可以在设计阶段之后对平台进行体验原型测试（取决于改变的程度）。不管怎样，都必须坚信平台是正确的，因为它将影响以体验为中心之环，包括主要系统和架构。

莫里斯·菲廖（Mauricy Filho）凭借对品牌转化为客户体验的过程的研究获得了服务设计博士学位。他广泛研究了不断变化的品牌世界及其与客户和员工体验的关系。正如莫里斯所说，关键是企业要知道它想要提供什么样的体验。

现在，人们通过使用服务或产品的过程中遇到的事情来定义品牌。这一点很重要，因为企业应该关注"希望客户拥有什么样的体验，以及如何提供它？"如果不了解你希望客户拥有的体验，那么将无法在市场中脱颖而出。这就是品牌塑造现在应该关注的地方。

从很多方面来说，我们看到了一个新的品牌时代。品牌塑造在过去犯了错误，因为它与狂打广告和妄图操纵客户的人搅和在一起。随着消费者的成熟，2000 年左右证实了这一点，并出现了对品牌的强烈抵制。也许，最明显的体现在于内奥米·克莱恩（Naomi Klein）的书 *No Logo* 及其所依存的社会文化背景。现在，这一点已经发生了变化，并且已经朝着关注客户体验的方向发展了。

在以体验为中心的社会中，你必须知道你是谁、你能做什么，以及你想提供什么体验。有些企业可能会在不了解这些的情况下尝试追随潮流，但这样做很快就会让你迷失自我。

必须使体验具有战略意义，使之成为战略灯塔或北极星。然后，通过设计确定流程、系统、界面和资源，以便使体验得以实现。如果你的工作是战略性的，并且知道想要提供的体验，那么你就可以提出与品牌和商业战略相一致的体验主张。然后你可以设计服务及其赋能因素，以实现这种体验。在这种情况下，内部品牌塑造将非常重要。为了将体验外部化，你还需要将其内部化。这一点很重要，因为在设计好的内容设置到位并良好运转之前，不会产生任何体验。在那之前，一切只是想法。

这也提供了其他好处。一旦你知道了自己是谁，就可以重新诠释它——你可以延伸你对自己的定位。例如，当保时捷扩展到越野车领域时，公司必须重新思考保时捷意味着什么——高性能汽车和奢华。无论做什么，你都不能失去核心的主线，这意味着你必须知道自己是谁。

> "必须使体验具有战略意义，使之成为战略灯塔或北极星。然后，通过设计确定流程、系统、界面和资源，以便使体验得以实现。"

从企业的角度来看，这是一种心态。企业需要将焦点转移到客户体验上，将其作为一种战略性管理，管理方式要与品牌塑造保持一致。对解决这一问题的企业来说，它需要战略焦点。体验创新不一定需要新的技术，新的资源安排可以为客户提供更好的体验。

企业应关注客户体验在企业中的地位。现在应该消除承诺者和交付者（例如市场营销人员和客户体验）之间的割裂。一旦把两者结合起来，就会产生一个新的负责客户体验的公司领导岗位。

最后，展望未来，你必须拥抱多元文化。世界各地的人们都需要类似的东西。这可以被描述为消费部落，或者一种后现代的细分。这些细分市场未来相关性会更强，针对细分市场中消费集群的客户体验将会出现。文化相关的产品服务越来越跨地域，对我来说，这是未来客户体验的发展领域之一。

7.4.7 推广平台

到目前为止，你所踏上的学习之旅让你对最适合你企业的体验有了更加充分的理解和认识。该平台没有定义产品或客户体验，但通过个性化为服务提供了一些基本方向。根据改变的程度，该平台的使用可能会对客户体验产生重大影响，因此推出平台的时候需要反复斟酌。客户对服务中个性和语调的变化特别敏感。我在一家斯堪的纳维亚半岛的银行办理业务已经有很多年了。和许多其他银行一样，它正在改变自己的个性和客户体验。不幸的是，它正处于转型的阵痛期，因为从一家古板、可靠、专制、层级结构鲜明的银行转变为一家以客户为导向的银行是一个相当大的变化，而且它们还没有更新完所有的接触点。这意味着我可能会遇到一些直接与我接触的接触点，起先它们的视觉设计和语调组合得很好，但是随后又会出现奇怪的、专横的情况，还有那些老套的视觉设计和糟糕的语调。这放大了我过去对其所持的偏见，使我无法接受其新个性，并让我认为这种改变是肤浅的。在与客户的交往过程中，由于接触点通常会跨企业内的不同部门，因此如果不是慎之又慎地推出平台，而是遗留某些问题，那么这些问题很可能会破坏你在此过程中所做的所有工作。

平台的推出应与企业中的其他体验性变化相协调。作为规划措施，需要进行差距分析，以评估现有客户体验与预期新体验之间的差距。基于这一分析，平台推出应该是系统变革计划的一部分。该平台是转化过程的重要组成部分，应辅以成功的服务创新（快速取得的胜利）、快速可见的变化以及几种未来概念服务。这些因素加在一起，应该会在企业内部形成一股变革浪潮，成为虚拟循环的一部分，并在这一过程中获得认可和积极发展。

7.4.8 信念的重要性

最后，你需要相信你的体验平台。在艰难的商业环境中引入的信念可能是一个奇怪的术语，但通过体验进行创新时，信念必不可少。如果你现在对体验平台没有强烈的信念，那么你应该问问为什么，然后做点什么。体验平台是一个关键的转型工具，随着时间的推移，它将影响客户体验和你的底线。此外，通过重新设计整个组织中的接触点、赋能因素、系统和架构，平台开始了一个实质性的变革过程。随着平台的推出，信念将有助于推进转型过程，有助于提升体验契合度，并将成为企业的核心能力。

7.5 尾注

[1] Malka Marom, *In Her Own Words* (London: Omnibus Press, 2014).

[2] Jennifer L. Aaker, "Dimensions of Brand Personality," *Journal of Marketing Research* 34, no. 3 (1997): 347-56.

[3] Aaker, "Dimensions of Brand Personality," 347.

[4] Yuksel Ekinci and Sameer Hosany, "Destination Personality: An Application of Brand Personality to Tourism Destinations," *Journal of Travel Research* 45, no. 2 (2006): 127-39.

[5] Laurie Murphy, Gianna Moscardo, and Pierre Benckendorff, "Using Brand Personality to Differentiate Regional Tourism Destinations," *Journal of Travel Research* 46, no. 1 (2007): 5-14.

[6] Audrey Azoulay and Jean-Noël Kapferer, "Do Brand Personality Scales Really Measure Brand Personality?" *Brand Management* 11, no. 2 (2003): 143-55.

[7] Simon Clatworthy, "Bridging the Gap Between Brand Strategy and Customer Experience," *Managing Service Quality* 22, no. 2 (2012): 108-27.

第 8 章

实现体验：设计体验历程

在本章中，你将深入了解体验的实现，并了解客户如何体验产品和服务，这是一个包含接触点和互动的历程。你将学习如何协调这些接触点，以及体验原型如何在创新过程的早期阶段让你了解客户体验。

《消费者报告》（*Consumer Reports*）[1] 最近搞了一项调查，请人们对日常烦恼进行评分，评分从 1 分到 10 分，10 分表示"非常烦恼"。被调查者对"在客户服务热线上找不到人"的评分为 8.6 分，仅次于隐性消费（8.9分），对人们来说，这一点比垃圾邮件（7.5 分）和不准确的天气预报（4.3分）更令人恼火。这意味着在人们的日常生活中，让人恼火的事情中，排倒数第二的是服务接触点。

8.1 聚沙成塔

客户在使用服务时有哪些体验？最有可能的是，这与公司自己的体验截然不同。研究表明，许多企业认为其客户获得了很好的体验，但客户并不认同。你认为你所提供的产品服务与客户所感知的产品服务之间存在巨大鸿沟。这是因为客户通过他们在客户历程中遇到的多个接触点来观察、了解你和你的服务，但企业却不是根据这种体验式互动方式而设计的。部门条块分割是罪魁祸首，因为客户从一个部门到另一个部门，会遇到不同的人员、工作方式、术语和交互方式。广告口碑和评论是他们在使用你的服务之前就会遇到的接触点。然后，在首次使用期间客户会使用接触点，而在他们开始定期使用服务时还会遇到多个接触点，这样企业与客户之间也就建立了一种关系。如果客户不够走运，那么他们可能也会遇到错误，客户服务接触点可以帮助他们从这些错误中恢复过来。

接触点是什么？

接触点是服务供应商和客户之间的接触点。大多数接触点都是有形的，而且很多都是互动式的。所有接触点的集体体验形成了客户对服务的看法。不同的接触点在服务过程的每个阶段都会受到关注，但其中一些接触点对客户体验来说比其他的接触点要更重要。

注意，我们使用了接触点这个术语，而不是渠道。这有几个原因。首先，渠道是用一种以公司为中心的方式来看待与客户的互动。接触点这个术语则是从客户自己的角度出发的。其次，渠道意味着广播：一种单向的、一对所有的沟通。以体验为中心的企业对互动和关系比对广播消息更感兴趣，因此，用渠道来做比喻不恰当。然后，渠道意味着有限数量的沟通方式，这些预先确定好的沟通方式之间没有重叠，就像在电视上从一个频道换到另一个频道一样。但在现实中，会同时有多个接触点，甚至连超市里新鲜出炉的面包的味道都具有多个接触点。最后，客户会不假思索地从一个接触点跳到另一个接触点。渠道的思考方式会给人一种线性印象，也会给设计过程带来线性色彩。然而，接触点的思考方式会促使你从客户的视角来看待服务，从这个角度你往往看到的是比较混乱的状态。

如果以这样的方式看待公司，你看到的是碎片化的呈现。如果在服务过程中，只是通过多个接触点去"瞥见"，你可能会出现这样的反应："这不是我们，我们做得比这多得多！"但这就是客户通过多个小窗口（接触点）看到你公司的方式——他们根据这些一瞥结果（以及口碑、文化理解等）自己拼凑出整个画面。因此，很有必要通过接触点来审视企业和产品服务，理由很简单，因为这就是客户对你的看法。

接触点是服务供应商和客户之间的接触点，也是当今许多服务的主要痛点之一。

每当与接触点相关或交互时，客户都会遇到一次服务接触。这给客户提供了一种或好或坏的体验，并给其个人与服务和服务供应商的关系增加了一些影响因素。来自接触点交互的所有体验的总和会影响客户对服务的看法，也会影响他们对你作为一家公司的看法。

客户不会考虑、也不关心这些接触点是如何协调的，只是期望企业能正常运行，并提供价值。他们从一个接触点跳到另一个接触点，而不考虑哪个部门负责设计和维护它。无论客户如何使用服务，他们都希望获得积极而一致的体验，而你所有令人难以置信的品牌推广工作都为他们提供了对特定体验的期望。如果接触点不符合工作要求，将造成期望和体验之间的不匹配，这意味着客户会失望（正如我们所知，失望的客户会把令人失望的体验告诉其他人）。

接触点是眺望你公司灵魂（即公司体验基因）的一扇窗户。

如果真的想取悦客户，那么你就不得不花一些时间来协调接触点（见图8-1）。这意味着将服务作为一个整体看待，并创建在客户体验历程中可以协同工作的多个接触点。如果忽略了其他接触点，而只拥有一个特殊的接触点，这并不好，因为你必须通过所有的接触点来提供一致、优秀的服务。这将强化你的品牌，并确保始终保持较高的满意度、效率和忠诚度。这将导致一个良性循环，客户口口相传，品牌和体验是一致的。

图 8-1：接触点卡片可帮助团队考虑哪些接触点可能与项目相关，并可在配套网站（www.experience-centric.com）上找到

通过精心设计和协调接触点，可以在服务过程中唤起一个人的特定感受。通过全盘考虑，可以定义整体体验，并将这些体验映射到单个服务上。这是在第 4 章中描述的放大和缩小方法：设计整体和各部分。

8.2 改进接触点

在本节中，我们将介绍如何创新接触点，以改进产品服务、客户体验和客户价值。

8.2.1 从体验开始，逆向操作

作为以体验为中心的企业，你必须问自己的最重要的问题是："我们需要哪种接触点组合来实现产品和品牌提供的体验承诺？"有多个不同的接触点，所有这些都必须符合你提供的体验。在设计过程中关注它们时，你会发现服务的接触点比最初想象的要多得多。

8.2.2 将体验历程视为一种客户体验方法

在第 6 章中，我们讨论了客户在体验之前和体验期间如何看待和开发场景。在这种情况下，场景是为服务做准备的，因此它们是思考和描述客户体验如何展开的好方法。它们很好地融合了时间，并且对整个服务进行了良好的可视化处理，因此可以同时看到服务的整体和部分。

随着时间的推移，客户历程已经成为描述服务的一种常见方式，体验历程在此基础上进行了改进，以关注客户拥有的体验（见图 8-2）。吉姆·卡尔巴赫（Jim Kalbach）在他的书 *Mapping Experiences*（O'Reilly 出版社出版）中展示了许多体验历程图的例子，每个例子都有不同的侧重点。

体验历程图显示了客户如何通过服务历程，在此过程中他们遇到了哪些接触点，以及他们如何在整体和每个点上体验历程。它有一个时间线基础和一个体验结构，历程通常分为三个主要部分：体验前、体验中和体验后。这个时间线可以是宏观的（例如，与银行的终生关系），也可以是较短的时间尺度（例如，客户申请一笔贷款），你应该将微观历程嵌套到宏观的时间线中，以了解它们是如何相互支持的。所有体验历程图的共同之处在于将前、中、后三个阶段分开，因为体验前、后两个阶段的创新尤其重要。

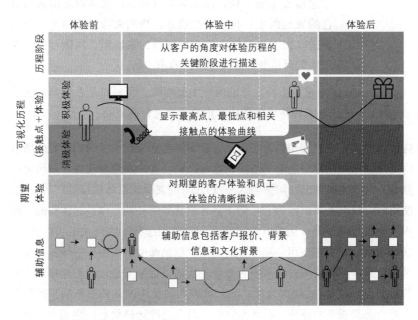

图 8-2：体验历程图的典型内容

时间线的主要焦点是可视化体验历程，并注明预期的接触点。这可以展示历程的戏剧性的曲线，并确定沿途的重要接触点。这些可能是巅峰体验的关键点，也可能是需要注意的潜在痛点。除了体验历程的可视化之外，历程图还识别和描述了历程的各个阶段，指定了每个阶段所需的体验，并提供了辅助信息。

走出历程设计的两个陷阱

我曾经与一位医生共同开发一个更好的客户历程。他自豪地说他已经做了，并且有了完美的解决方案。当我让他给我看历程时，很明显他掉进了历程设计的两个陷阱：

- 这个历程是他（医生）的历程，而不是客户（病人）的历程。他描述了他对客户（病人）所做的事情，而不是客户（病人）如何看待这段历程。

- 这个历程是从客户（病人）进入他的办公室开始的，忽略了之前发生的一切，比如客户（病人）在转诊之前去看自己的家庭医生，接收预约信息，找到来诊所的路等。我们知道，很多患者根本没有按照预约来诊所，原因可能就在于他们对体验历程早期阶段的不了解。

一定要避免历程设计的两个主要陷阱。历程总是在你参与之前就开始了，并且总是从客户的角度进行描述的。

应该始终从客户的视角来看历程，并且需要考虑他们所经历的历程的所有阶段，包括企业参与之前的阶段。这可以包括客户在参与服务之前研究产品服务（以及你可以如何影响这一点）、与朋友讨论服务或接触广告信息。使用前阶段很重要，因为它让你了解客户是如何开始与你一起体验的。使用后阶段也很重要，因为其中蕴藏了积极的后续行动的巨大潜力。例如，我们知道，客户在使用一项服务后，喜欢在脑海中回顾他们的体验，并且常常会有一种买家的懊悔，或者至少是反思（这是不是正确的选择？这是什么情况？等等）。研究表明，人们在购买或使用产品和服务后，通常会查看产品和服务的评论，以此来让自己对自己的选择放心。事实上，我们的本能可能是试图为我们创建的场景和我们获得的体验增加一个结尾，而使用后阶段为企业以积极的方式影响这种结束创造了一个良好的机会。

我经常发现，企业说他们已经在客户历程方面做了很多工作，结果他们只是在制作生产流程图。生产流程是通过公司的视角来看世界，以流程为中心，并且通常会假定客户的某种行为。生产流程图很重要，但它仅仅是将体验历程转化为现实的一种手段。不应该把生产流程图看作一次真正的体验历程。

同样，体验历程也不是设计的蓝图。它是一个设计目标，详细描述了客户在使用服务时所需的体验，也是从客户的角度描述服务概念的一种方式。它详细说明了产品服务，并使你能够检查与体验基因的衔接情况。此外，它还使你能够看到体验对下游（体验实现、支持和结构等）可能产生的影响。体验历程需要进一步发展，才能成为要实现的蓝图。在该蓝图中，组织需要呈现更多细节，特别是围绕这些下游影响的细节。

8.2.3 考虑直接、间接和合作伙伴控制的接触点

接触点通常是直接由你"拥有"，例如一个网站、一本小册子或一封信。然而，在过去的几年里，间接接触点已经成为关注的焦点，因为它们是客户期望和体验的重要影响因素。间接接触点不是由服务供应商直接开发、控制或提供的，它可能是到机场的交通或机场安检等，也可能是朋友、家人、口碑、在线或博客/推特评论等。这些越来越重要，必须包含在接触点的设计中。Accelerom 公司的分析显示，大约 50% 的客户印象来自直接渠道，而另 50% 则来自间接渠道。随着社交媒体影响的增加，我们可以预期，客户印象将会更多地倾向于间接接触点。不过，值得注意的是，几乎所有的间接接触点都可以追溯到最初的直接接触点。通过口碑传播的服务体验，不管它是好是坏，最初也是通过接触点直接体验的。

第三种接触点也出现了：合作伙伴控制的接触点。这在数字服务中越来越常见（例如，现在有多少解决方案使用谷歌地图？），但它也可以是作为产品服务的一部分使用的分包服务供应商（例如，在客户家中连接宽带的电气安装员，或者航班的行李搬运工）。客户会认为这些第三方分包商是服务的一部分，因此企业应该非常谨慎地进行选择。由于不理解为整个体验而进行的设计，糟糕的分包商可能会毁掉一个奇妙的体验历程。同时，合作伙伴控制的接触点如果被其他人使用，就会在提供企业对企业（B2B）服务方面产生巨大的潜力。如果能够理解客户希望实现的体验历程，并且能够实现它，那么就可以与它们建立牢固的关系。这意味着企业对企业（B2B）服务的细分程度越来越高，体验的焦点也越来越集中。举例来说，我一直在与一家大型邮政企业合作，该企业正在调整其产品，以改善客户订购和接收包裹的体验。这一新焦点可以帮助提供从订购阶段到发货、追踪，再到送货和拆箱的一致体验。通过这种方式，该企业在合同竞标时，会在体验性方面比竞争对手更具优势。

8.2.4 选择适合环境的接触点

所有的接触点都是平等的，但有些接触点在某些事情上比其他接触点做得更好。这听起来可能是显而易见的，但是每个接触点在其特征方面都是独特的，这意味着不同的接触点擅长不同的事情。有些擅长发送简短的、个性化的信息（如短信），有些擅长交易（如互联网），还有一些擅长发挥人的沟通价值（如电话）。

这一认识虽然显而易见，但却是最近才认识到的，它正引导企业重新审视自己的接触点战略，以便尽可能以最佳方式利用每一个接触点。当开始体验时，根据体验特性选择一个首选接触点比选择另一个更容易。例如，短信虽然具有即时性，但却缺乏视觉内容和辨别语音语调的能力；电子邮件在视觉和内容方面提供了更多的潜力；打印的信件更可以让人保持专注（尽管写信件的速度可能非常慢）。因此，为预期的体验选择正确的接触点要从体验开始，然后逆向推理、找到最佳匹配的接触点。

8.2.5 不断创新，与时俱进

随着技术的发展，自然会有一些接触点在体验方面变得比其他接触点更重要。例如，智能手机应用程序的崛起表明，小巧便携的个人手持设备已经成为我们生活中的一个主要接触点。

相反，一些看上去过时的接触点，现在也可以换一种方式再利用。这封简陋的信就是一个期待"复兴"的接触点，原因很简单，我们的邮箱一周中很多天都是空的，但我们仍然保持着一种情感上的"朝圣"来查看邮件。这是一个发展和培养客户关系的好机会，因为物理邮件现在具有体验上的重要性。当客户收到邮件时，他们可能会独自一人，有时间并且能够全神贯注地关注它。客户在网上订购的许多包裹附带的装箱单也是如此。它们为客户联系提供了极好的潜力，原因也很简单，因为大多数装箱单都很糟糕，它只是以公司为中心，有利于公司对包裹进行集中检查，而没有让打开包裹检查单据变成一件令人愉快的事情。唱片宝贝的信（见第 6 章）展示了如何利用这个机会改善顾客的购买体验。

随着时间的推移，这种相关性的变化意味着你需要在体验历程的设计中不断创新，不断寻找新的接触点，同时还要引入一些旧的接触点。你可以把它想象成对一首很棒的歌曲进行重新混音。

8.3 通过接触点进行创新的方法

接触点是服务设计的一个关键部分，从根据其质量进行选择到将其作为一个整体进行协调，接触点为创新提供了多种可能性。接下来，我将概括介绍使用接触点进行创新的四种主要方式。最重要的是要记住"哪些接触点可以确保客户获得企业想要提供的目标体验？"

8.3.1 了解和开发个体接触点的独特品质

确定与服务相关的接触点，并注意每个接触点的积极和消极品质。积极和消极品质应该从体验历程的角度来看，但也可以将公司视角加入其中，毕竟每个接触点，无论技术、开发、集成还是维护，都有成本。了解了特定服务的多个接触点如何组合在一起，协调接触点之路也就走完一半了。这对客户和企业都有好处。

8.3.2 从客户角度绘制随时间推移的接触点地图

沿时间线绘制接触点地图，以构建几个可能的体验历程，并显示客户在每个阶段可以使用的接触点。如前所述，这提供了一种站在客户角度看服务的视角。从这里出发，可以了解到许多信息，例如，可以确定客户喜欢使用的接触点、让他们痛苦的接触点（痛点）、作为后起之秀的接触点、正在消亡的接触点等。

8.3.3 通过协调接触点来创建理想的客户体验

接触点融合了策划（正在选择的接触点要与体验价值观相契合）和协调（正在设计许多接触点及其在企业中的相应部门之间的协作）。在音乐术语中，接触点是指挥家（设计团队）在乐谱（时间线）上的音符。这个音乐比喻还延伸到前景和背景中的接触点，以及它们如何随着时间的推移而改变，从而创造出强烈的体验。

接触点地图绘制完成后，就可以开始开展协调工作了。接触点是否作为整体流动？语调合适吗？是否缺少接触点？添加或删除接触点是否有可能？谁负责协调？如何协调接触点策略？

8.3.4 通过接触点创新改变服务体验

有时，关注现有服务的接触点会导致渐进式创新方法：改进已有内容，但不太可能创造出全新的东西。但是，可以将接触点作为全新创新的起点。新接触点创造出具有持久竞争优势的案例有很多。例如，优步利用智能手机创造了与替代方案完全不同、更令人向往的出租车体验。

要对接触点创新采取更激进的方法，可以撕碎现有的东西，从头开始问"如何创造我们想要提供的体验？"这可以在内部完成，也可以与客户一起完成，最好两者兼有。企业经常有反复使用相同接触点的习惯，这种接触点的"锁定"导致服务表现不佳。从头开始并重新考虑产品服务，可以帮助企业创建创新的设计路线图和服务概念。

8.4 频率、顺序和重要性原则

设计的关键原则之一与物品随时间的使用方式有关。频率设计原则要求你识别并关注客户最频繁的接触点。使用得越频繁，就越应该努力改进它，以提供更好的体验。确保90%的客户有良好体验是很必要的，但也要为错误留出一点空间裕度，因为你需要进行额外的思考来恢复客户期望的体验水平。

顺序设计原则是指识别并关注按特定顺序发生的接触点。一方面是识别人们日常生活中的顺序（例如，我们通常在商店或餐厅选择东西后付款，而不是先付款再选购），并在体验历程的设计中遵循这种顺序。另一方面是识别接触点之间的顺序，并在体验历程中实现它们的平滑切换。例如，在线订购后通过电子邮件确认。应将这两个接触点放在一起，并将设计提示从一个添加到另一个，以帮助客户进行识别。

重要性设计原则是指确定体验历程中的关键接触点或关键步骤，并集中精力设计这些关键内容以提供特定的体验。重要的接触点可能是在离开网站付款时，也可能是在确认订单时，或者在放弃花了相当长时间填写的表格时。

这三个原则反映了人们对事物设计的期望，它们并不是相互排斥的。例如，使用频繁的接触点也可能是重要顺序的一部分。如果认识到这些接触点，并在设计时将它们牢记在心，那么一次体验历程将覆盖到约 75% 的接触点。

8.5 实现体验的技巧和妙招

除了上述三个核心设计原则之外，还有一些技巧和妙招可以帮助企业在体验历程中满足客户的期望。

8.5.1 避免会反映出企业部门割裂的历程

正如本书前面所讨论的，波特价值链的思维方式在 20 世纪 90 年代影响很大，并导致了商业流程重组的浪潮。这反过来又在组织中形成了较强的部门割裂。不幸的是，价值链更适合于产品而不是服务，从那时起，部门往往被认为是企业的障碍，而非助力。体验历程通常会跨许多部门，随着时间的推移，客户在与企业不同部门打交道后可能会感到困惑。要谨慎对待每一步都由不同部门处理的历程。首先，可以确定的是，相对于客户，这个结构更适合企业。其次，你将面临部门之间的切换问题。最后，KPI 将在部门内进行优化，而不是鼓励跨部门协作，这会让管理人员感到高兴，但却让客户感到沮丧。历程设计会对企业产生影响，并会影响正式和非正式的组织架构，如授权、奖励系统、选择和培训。因此，你需要将企业视为支持客户体验的体验推动者，而不是试图让历程适应企业。

8.5.2 允许在接触点之间切换

虽然对于大多数客户来说，他们会通过一系列接触点来走过首选历程，但有些客户总是能找到自己的路线。这意味着你不仅需要设计首选路线，也要在历程中设置其他路线。一家我曾经合作过的企业，遇到了订购产品的不同接触点分属公司内部不同部门的问题。该公司聘请了一家设计公司 LiveWork 来研究这个问题，发现在线顾客根本不能在实体店挑选产品，而在实体店购物的人也不能选择送货上门（例如他们要携带的东西太多时，或者某个产品销售一空时）。这主要是因为接触点之间无法切换，其次是因为如果销售从实体商店转移到在线商店，则会失去销售奖金，反之亦然。

Livework 通过允许线下世界和线上世界之间的切换，以及重新协商公司的奖金结构，解决了这个问题。通过重新设计体验历程，确保客户可以自己找到解决之道，并让企业能够支持这一替代方案，从而提高销售完成率。

考虑模拟和数字的体验

德国最大的零售连锁店 DM 超市（Drogerie Markt），通过从公司的系统、功能和流程中释放员工，进行了自我重组以提供更好的客户体验。

该公司不再为在线商店和实体店分别设立单独团队，而是让两个团队共同努力，为客户提供无缝体验。

"我们有 1800 多家商店，还有一家在线商店；我们的想法是为客户提供附加服务，并将两种渠道结合起来。"DM 超市的客户关系管理主管乔森·基宁格（Jochen Kieninger）[2] 说。

"过去企业认为，对于一家实体店来说，如果经理在店里没有产品，而让顾客在网上寻找时，他就把商店的收入给了在线商店，我们以后就不能这样想了。"

8.5.3 明确客户在历程中应该拥有的体验

我经常发现项目团队不会问自己，客户在他们的工作过程中会有什么样的感受？如果项目中涉及客户关注点，我经常会在历程的每一步放置一个向上或向下大拇指标志（标识好或坏），以确定潜在的痛点和积极的方面。有些人可能会做得更多一些，使用从愤怒到高兴的情绪符号，对体验进行分级处理。在以体验为中心的企业中，有必要使用更加精确的体验词汇，并将其作为历程设计的一部分。拥有丰富的管理术语集，但缺乏情绪和体验词汇的企业将很难成为以体验为中心的企业，开发关于情绪和体验的术语就显得尤为迫切。为了提供帮助，泰德·马修斯（Ted Matthews，第9章的客座作者）和我开发了一套描述可能出现的情绪的卡片，以在项目团队中引发关于企业希望客户拥有的情感体验的讨论（见图8-3）。这些卡片还可以在其他时间与客户一起使用，以帮助客户描述他们在服务接触中体验到的情绪。

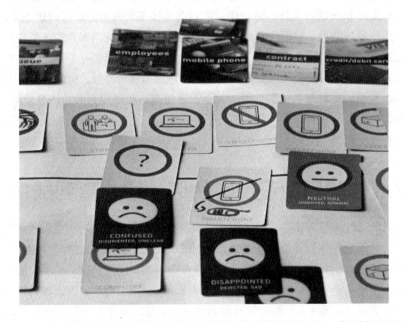

图 8-3：使用情绪卡为项目团队提供了讨论具体情感的词汇表。这些情绪可以是客户针对现有服务感受到的情绪，也可以是你希望他们在新服务中感受到的情绪（可在本书的网站上找到：www.Experience-centric.com）

使用这些卡片可以促使企业给予客户体验应有的关注，开发一个体验词汇表，这有助于在整个企业中进行战略调整和思想融合。

8.5.4 检查历程中的服务修复

随着服务变得越来越数字化，一切都发生在界面中，历程变得更像流程图而不是体验历程图。我听过人们争论说，由于这一点，对历程设计的需求正在减少。这是危险的，主要原因有以下三点。首先，它诱使你选择简单的路线，通过系统视图、而不是客户视图对组织进行优化。其次，它忽略了体验历程的前后阶段，而这是所有体验历程设计的关键。最后，也是更为重要的，它忽略了服务故障的情况，在这种情况下，客户通常需要从一个具体的人那里得到帮助。通过考虑服务故障和服务修复等情况，你可以针对意外状况进行设计。请记住，客户会为接下来发生的事情创建场景，因此服务故障也是他们场景的故障。记住这一点，因为当客户的场景没有按照预期进行时，他们会被带出舒适区，很容易变得紧张并开始恐慌，在这种情况下，可能会出现更疯狂的场景。你必须保持冷静、做好准备，并在爆发前处理好这些情况。总而言之，要将系统故障视为客户场景故障，即客户需要特殊对待的状况，同时还要开发可以让客户产生积极记忆的服务修复历程。

8.6 体验原型设计：伪装一切，直到成功

你只能通过体验来体验一种体验。不幸的是，只有当它作为一项服务完全交付时，这种体验才会真正形成。而到那时，以任何方式对其进行更改，都太晚了，而且成本太高。因此，挑战在于为项目团队提供一个现实的体验，使团队能够尽早对其体验性进行评估，以便做出更改。这让我们回到设计思维（见第 4 章）和通常被称为"快速犯错，快速向前"的原型设计方法。通过早期原型设计，你可以在将资源用于开发之前发现可以改进的领域。

服务体验的原型设计有五种主要方法，每种方法都各有优缺点。它们通常被并行使用，以探索所讨论服务的不同方面。接下来的几节将介绍这五种方法，描述如何使用它们来模拟期望客户拥有的体验。最后一种是虚拟和增强现实技术，它在体验原型设计方面有着巨大的潜力。然而，这是目前最尖端的技术，并不适合胆小怯懦之人。

8.6.1 演练

演练会用到服务的物理模型，通常还会在时间线中用到乐高或杜普乐玩具人偶。你拿着一个人偶，带它经历一段体验历程（见图 8-4），这听起来很像回到了幼儿园时代。这可能看起来微不足道，但它对于感受服务流程非常有用，因为我们天生就有能力将自己代入到故事和人物中（可能是在幼儿园学的！）

图 8-4：演练可以帮你测试服务流程，并识别流程中的痛点
来源：约翰·布洛姆克维斯特（Johan Blomkvist）

演练在评估服务历程及与之相关的物流时更具优势。例如到餐厅就餐，我们可以使用餐厅的平面图，并将人偶放在入口处。故事将继续如下：从大街上，顾客看到招牌（招牌在哪里，它看起来是什么样子？），然后走到餐厅。他们打开门，立即看到餐厅内的情景（他们看到了什么，感觉如何？）。他们站着等待入座（他们怎么知道他们必须站着？他们的立场是什么？有什么标志吗？如果有，语调是什么样的？）他们被问候（谁问候他们，他们如何查看预订情况？他们穿得怎么样？他们怎么说？）在被带到一个区域挂外套之前（我们需要一个还是多个区域？它在哪里？人们认

为存衣区域安全吗？它有多大？）然后他们被带到餐桌前（侍者在等他们挂外套的时候说了些什么，然后在去餐桌的路上说了些什么？）……

演练不太适合让你切实进行体验，因此在这种情况下它们有点粗糙。它们也不太有助于让你了解体验的品牌相关性，或涉及特定接触点的详细互动。毕竟，这里使用的是模型，所以这种形式的体验需要一定的想象力。但是，演练速度快、便于使用、易于重新配置，并且由于每个人都可以参与，所以它作为协同设计过程的一部分也很好用。演练还非常擅长识别和处理服务的逻辑和功能流，并消除仅仅通过查看体验历程图可能找不到的连接断开的地方。

8.6.2 设定

我们已经提到了体验历程和电影之间的相似之处，而设定（见图 8-5）正是利用这种机制来塑造客户体验的原型的。设定是一种执行服务的方法，它可以从简单的身体冲击（bodystorming，指使用自发设定的头脑风暴）到服务的现实生活特定场景的运行（设计师在真实的环境中为真实的客户模拟服务）。与演练一样，设定利用人的先天能力将自己置于特定场景中，但此方法可以提供更真实的体验。

设定强调人与技术的语调和行为基调，并迅速让你看到这些问题的症结所在。它的主要优点之一是，在它起作用之前易于重做和更改（用电影语言来说就是"再拍一次"）。这使得设定非常适合进行快速评估以及完善个性、语调和行为。这很有趣，但用意是严肃的。设定的另一个优点是，可以将道具作为完全成熟的解决方案的替代方案（见图 8-5）。例如，当客户与平板电脑交互时，你可以使用一张纸板而不是平板电脑来输入信息，这对于当时的情况来说是现实可行的。你运用与生俱来的能力进行角色扮演（或创造场景）来接近体验。但是，由于设定往往是在设计过程的早期进行，许多接触点还没有完全开发出来，这就意味着品牌体验和整体体验没有得到充分的体现。例如，如果你正在利用一座新银行大楼创建客户原型设计，你能模拟客户互动、语调和行为，但是却无法获得新设计的家具、内部装饰、银行外观等所带来的体验效果。

图 8-5：设定可以让你快速感受到一个新的解决方案，而无须花费大量的资源来创建它的原型。在设计已完成的情况下，道具可以很好地发挥作用，几分钟内就可以创建出几种替代品
来源：作者

8.6.3 佐证

佐证是我最喜欢的体验原型设计方法之一，因为它通过将精心模拟的照片和未来服务的有形原型组合在一个令人信服的叙述中来描述未来，就好像它现在就真实存在一样（见图 8-6）。它的名字来源于"来自未来的有形证据"（tangible evidence from the future）一词，在这个词创造的情景中，你将被传送到服务存在的未来世界。此方法通过体验历程以一系列可信的照片或定格视频的方式呈现产品服务和客户体验。

佐证考虑到设计细节和行程步骤方面的精确性，让你对新概念服务体验从整体到细节都有一个良好的感受。

图 8-6：佐证使你能以一种让服务感觉真实的方式为服务创建相关的未来情景。这使你几乎可以在开发的早期阶段就体验到你希望客户拥有的体验

来源：作者

假装有一个竞争对手企图进行服务创新，以佐证创新的重要性

来自 Livework 公司的拉夫朗·洛夫利（Lavrans Løvlie）是我见过的最好的服务设计师之一。他告诉我，他很难让客户看到新的在线服务概念的潜力。一个与 Livework 合作过很多次、彼此间有很高信任度的客户，由于太喜欢它们现在提供的产品服务，而不愿意接受新理念。这种客户需要一点触动，才能看到新产品带来的好处。因此，Livework 精心制作了一个幻灯片演示文稿，展示了对来自竞争对手的虚构新服务的描述和评论，并采用一种略为震撼的方式呈现出来："你看到 X 刚刚推出的很酷的新服务了吗？"

当这一点被特别指出时，领导层突然注意到了，并且能够看到他们之前无法看到的所有体验益处，因为他们现在认为这种新的产品服务是对他们自己业务的威胁。当他们了解到 Livework 所做的工作时，他们意识到了新产品服务的潜力，并知道他们必须第一个拥有它。因此，他们立即委托了一个项目来探索新的方向。有时候，你只需要亲自体验一下，就能看到它的价值。

佐证可以有多种形式，但往往是一系列真实地呈现了体验历程中接触点的照片。这使你能够展示出，客户是如何知道这项服务的，例如通过真实的广告、甚至（伪装）杂志上的评论。当你制作特定项目的实体版本时（如煤气费账单或欢迎信），它会让你感觉该服务是真实存在的。但是，佐证不允许与服务本身进行交互，因此无法体验与服务的接触点或语音语调的交互。

8.6.4 图画体验式佐证

图画体验式佐证（Graphic Experiential Evidencing，GEE）是对佐证的一种体验式扩展，它使用漫画的视觉语言来强调客户体验（见图 8-7）。它是由泰德·马修斯（Ted Matthews，第 9 章的客座作者）开发的，他试图找到一种向他人传播丰富体验的方法。

图 8-7：GEE 通过使用漫画图来强调客户体验
来源：泰德·马修斯（Ted Matthews）和西弗·劳里兹森 (Syver Lauritzsen)

虽然佐证提供了服务接触的真实表现，但 GEE 强调了体验历程的体验结果。它最初是作为国家足球联合会体验设计项目的一部分来开发的，用来表达人们在观看足球比赛时的强烈情绪。泰德发现漫画提供了一种共享的视觉语言，我们可以用它来表达这些丰富的情感 (参见斯科特·麦克劳德的 *Understanding Comics*，William Morrow 出版社出版)。GEE 专注于情感和体验，它不是中立的表现，而是对服务的呐喊甚至宣战。它说这就是它的本来面目，这就是它应该有的感觉，并且在许多方面形成了团队内部设计的目标。然后可以用它来具体说明产品服务，解释项目想要获得什么样的体验。

GEE 不一定是现实的，对服务的流程或组织工作也没有帮助。然而，它突出了体验的高潮和低谷，传达了服务的戏剧性曲线，这使得它成为以体验为中心的企业的重要工具。

8.6.5 增强现实和虚拟现实

我本人对增强现实（AR）和虚拟现实（VR）革新体验原型设计的潜力感到非常兴奋，但目前这一领域有很多限制。我一直在与两位才华横溢的 AR/VR 设计师合作，他们分别是 AHO 公司的克杰蒂尔·诺比 (Kjetil Nordby) 和 HoloCap 公司的斯蒂安·比约恩 (Stian Børresen)。他们将游戏引擎和其他技术结合起来，创造出逼真的体验原型。他们的工作有可能将缺失的部分引入到体验原型中，因为他们已经找到了一种方法，可以将真实的人实时带入虚拟空间，并获得惊人的真实效果。我说的不是简单地用虚拟的人代表真实的人，而是将实时视频插入虚拟空间，这样你就可以在一个真实的三维空间中与人打招呼、交谈和互动，这样他们的行为和语调就是自然的，而不是预先编程的。

我之前提到过，要创建一个新的旗舰银行的真实原型是很困难的，因为你不能在不花费大量精力和金钱的情况下，模拟建筑、内部、灯光、员工行为等。好吧，在 AR/VR 中，你可以用一种现实的方式做到这一点，并且有人可以与之互动。它结合了其他方法的优点，但在现阶段需要大量的技术支撑。在不久的将来，将建成体验原型平台，它允许你输入服务环境的三维模型，添加详细的接触点库，并将人员插入场景中，这样你就可以以逼真的体验方式进行体验。我期待着那一天的到来。

8.7 体验设计最高原则

在本节中，我将根据体验、情感和客户行为的设计知识，介绍一些基本的设计原则。这些原则既有取自基础研究的，也有取自应用研究的，另外就像任何事情一样，规则也有例外。

所有的规则都有例外。一般来说，大家都认为我们必须使东西易于使用，但如果这是一个普遍规律，那就没有人会学弹钢琴或开车了。两者都需要一个陡峭的学习曲线，但由于我们希望最终的体验是值得的，所以我们选择在其中投入时间。我们也知道，人们通常喜欢走中间路线，选择一个中等价位的产品，即介于低价和高价之间。然而，当情绪激动时，人们有时会打破这个规则，因为我们还受到一种鼓励我们"全力以赴"的内在逻辑制约。因此，请记住，这些原则是有益的指南，而不是律条，应当在其背景下加以区分看待。有时候，打破一条规则比遵循一条规则要好，尤其是当你成为体验传递大师的时候。

8.7.1 让客户参与进来

这本书的全部精髓在于，你需要透过客户的眼睛来看问题。这并不意味着总是按照客户说的做，有时快乐来自服务供应商积极主动地满足客户未得到满足的和看不到的需求。因此，第一条规则就是让客户参与进来。在开始设计前、设计过程中，以及设计之后，要对他们想要什么、喜欢什么和渴望什么始终保持好奇。同时，反思客户说过的话，并把它放在一个更广的维度进行思考。

8.7.2 判断是相对的，而不是绝对的

我们很难与某事联系起来，除非通过比较来判断它。这适用于一切，从理解比喻到提供解决方案的类比，再到提供合适的数量单位和大小单位等。这在推出新产品时会对你有利，因为你可以通过详细的设计线索来决定应该将其与什么进行比较，并在设计中使用它。另一方面，要谨慎对待定价区间问题，因为客户会把你的产品服务价格与别人的价格进行比较判断。

8.7.3 强力开始，高调结束

客户带着期望进入服务历程，你必须立即与这些期望联系起来或超越期望。因此，这需要以一个强有力的意图表达为开端，同时，别忘记在结束时也要高调结束。因为人们对结束的记忆比开始或中间点更为深刻和生动。此外，确保在某个地方有一个高点，以创建一个"起点 – 高端 – 结束"的峰值集（见下一个原则）。

8.7.4 确保明显的峰值，避免低谷

波峰和波谷是令人难忘的，因此需要在服务历程中专注于使其出现明显的峰值。显然，避免深陷低谷很重要，但请记住，服务体验是相对于预期的，所以如果在服务交付过程中发生了可怕的事情，那么在修复阶段的响应，应该是相对于预期的。

8.7.5 保持善良

让客户觉得你始终把他们的最大利益放在心上，你努力考虑他们的需求，你所做的一切都是为了他们的利益（毕竟，这是服务的本质）。

8.7.6 记住，外表可以诱惑人，也可以杀死人

事物的样子，人的样子，以及你怎么看人，都在传达一些东西。一直如此。而且它与背景情况紧密相关。如果你走进一家山地装备店，你不会期望那里的销售人员穿着正装，而是希望山地装备坚固耐用。另一方面，如果你去殡仪馆，你也不会期望人们穿登山服。这一点很重要，甚至连最小的细节都很重要——例如包装很重要的原因。包裹的外观告诉你里面装的是什么。这个原则是如此的基本，你可能会困惑为什么要把它包括在内，但当然，你可以选择用它获得优势，也可以选择用它获得劣势。上帝和魔鬼在咒语设计上也都非常注重细节。

8.7.7 使用复印机原理隐藏复杂性（但结构依然复杂）

在 20 世纪 90 年代，我曾为施乐公司工作，简化了复印机的使用。正是在

这个时期，实施了隐藏复杂性的原则，复印机从少数人使用的复杂产品变成了大多数客户可以接触到的简单产品。通过观察复印机的使用情况，施乐公司意识到，人们往往只是想简单地要一份复印件，因此在控制面板上放置了一个绿色大按钮来实现这一点。但那些复杂的功能并没有被删除，而是放置在一个封盖之下，以便在那些极少数需要它们的时候可以很容易地使用。当时，这件事从根本上改变了我们与复印机的关系。隐藏复杂性可以让平凡变成非凡的普通体验（参见第 6 章），标志性的谷歌搜索页面就是一个很好的例子。

8.7.8 先说坏消息

这一原则与设计体验历程有关，即开始时要强有力，结束时也同样要高调。人们喜欢高调地结束，所以如果你有什么坏消息，先说出来，把好消息留到最后。事实上，在为服务创建戏剧性曲线时，必须考虑到这一点。就算遇到服务故障，也要确保以某种方式愉快地结束。

8.7.9 运用所有的感官

在日常生活中，我们似乎有一种对视觉的执着，但与接触点的互动是有形的、可听的、可嗅的。当我和泰德·马修斯在泰国进行一次旅游体验设计时，我为客户在等待渡轮的时候增添了一个"微风"的设计，因为当人们在炎热潮湿的环境中等待渡轮时，微风就成为一个有价值的体验性接触点。超市已经引入了店内烘焙，在新鲜烘焙的面包香味中，让购物者体验到家的感觉。苹果最先在创造音乐播放器时，就明白了触控的力量，然后在设计手机和平板电脑时，更加深了对其的理解。确保在客户的体验历程中，调动企业接触点的所有感官来吸引客户。

8.7.10 让客户掌控自己的选择

这是来自行为研究的一个关键发现：如果客户感觉自己掌握了控制权，他们愿意接受不均衡的服务，甚至是服务故障。提供备选方案是给他们控制权的好方法（例如，你喜欢 a 还是 b？），或者你甚至可以提供一个滑块，让他们可以自己选择级别。自助服务是另一种解决方案，在在线服务中，实时"假设"解决方案都将控制权转移给了客户。

宜家是客户联合生产的一个很好的例子——客户是产品构建的中心。这增加了客户对最终产品和服务供应商的忠诚度，一提到宜家，必然会联想到其对客户体验的重视。

8.7.11 避免拖延症

我会拖延、我的孩子们也会拖延，我们都讨厌拖延，但每个人都会拖延。因此，尽量避免让客户拖延事情，如果没有能力做到这点，就通过温和的提醒保持联系。如果已经使用了保持善良的原则，那么你的提醒将被视为友好的，且有利于建立彼此间的信任。

8.7.12 锁定客户，让其不愿改变

锁定客户不仅仅是因为存储了大量的数据，而且还因为花费了大量的精力并投入使用了某些东西。人们更喜欢停留在他们投入了努力和精力的事情上，其结果是随着时间的推移，会产生一种惯性。充分发挥你的优势，吸引客户参与相关的体验活动，你将会获得回报。

8.7.13 加强情绪唤醒以吸引客户

情绪状态会影响行为。唤醒会带来不同的结果。例如，如果我们在度假时玩得很开心，就会愿意额外花钱购买纪念品。当我们被情绪唤醒时，就会不那么挑剔，而且更愿意尝试一些事情。唤醒情绪的设计，不仅可以让你从竞争对手中脱颖而出，而且还可以收取更高的费用。

8.7.14 限制选择的数量，或分组成块

若选择太多，我们将无法选择。例如，在超市试验区提供 24 种不同种类的果酱，只有 3% 的品尝者会购买果酱，而只提供 6 种不同的果酱，则会有约 30% 的品尝者购买果酱。1956 年，心理学家乔治·米勒（George Miller）在一篇著名的文章中描述了神奇数字 7 现象，指出我们的信息处理技能似乎都局限于大约 7（±2）个项目。因此，如果提供了很多备选

方案，那么请将其进行分组。这样人们就可以处理和关联这些选项。如果人们必须记住选项的话，可能要低至 4 项。

8.7.15 把消极的过程组合起来让它们结束

把消极的过程组合在一起可以消除不愉快，而把它们分开则会延长消极的方面。最近对短途飞行的负面看法就是一个典型案例，我们可以看到，比起短途飞行，可能需要更长时间的铁路旅行正变得越来越受欢迎。现在，航空旅行被分解成一系列令人不舒服的步骤：去机场、办理登机手续、托运行李、安检、在登机口排队、登机、找到自己狭窄的座位等。另一方面，乘火车旅行虽然需要更长时间，但负面因素却被减少了，因此人们常常对火车旅行感到惊喜，并发现它也具有可比性。

8.7.16 使用较高级别的产品服务，来帮助客户选择中间级别产品服务

我们倾向于选择与可用选项相关的选项，并将自己放在一个波段或范围内。例如，在酒单上，一种特定的葡萄酒单独显示时，可能看起来很贵。然而，在酒单上增加一些价格较高的葡萄酒，会让我们相信，该特定葡萄酒的定价是合理的，因此更容易选择。使用企业中较高级别的产品服务，可以鼓励客户选择中间级别的产品服务。

8.7.17 化无形为有形

很多服务是无形的，例如酒店的清洁和维护服务。最近，我的一个朋友在酒店房间工作时，东西掉了并滚到了床下。当他去取回时，发现了一张卡片，上面自豪地宣称："是的，我们甚至打扫了床下的卫生！"这给他留下了深刻的印象，他多次讲述这个故事，认为这是一次很棒的体验。我在一家物业管理机构工作时，曾和团队设计了一个可以贴在已维护过的物品上的小名片，标明这项工作已经做了，是什么时候做的，以及是谁做的。这不仅让无形的东西可见，而且也让员工可以看见，从而提高了他们的自豪感。在企业中也可以这样做，以表彰员工的努力，并奖励那些默默无闻的英雄。

8.7.18 用承诺赢得客户的信任

承诺，作为一项定义明确的活动，对人们的行为有很大的影响，使人们不太可能欺骗他人。它产生了遵循值得信赖的行为的社会规范的愿望（包括在事后）。当誓言被仪式化时（见第 9 章），或在一个社会背景下发生时，例如当着他人的面时，尤其如此。使用承诺公开向客户保证，使你的承诺成为与客户间的互信纽带，为你赢得他们的信任。

8.7.19 遵循频率、顺序和重要性原则

虽然这看起来像是常识，但令人惊讶的是，很多企业在设计中违反了这些原则。要让频繁的操作变得简单容易（记住，如果这样设计，即便简单容易也会让人难忘）。将按顺序发生的活动放在其应有的顺序位置上。确保重要的活动得到应有的重视，即使它们可能不会经常发生。

8.7.20 千万别说"差点儿"

当销售人员提醒客户说，他们差一点儿就可以从一项服务中获得好处时，客户的反应是消极的（例如"我们现在卖完了，但如果你早五分钟来，我们还有很多"）。这间接地批评了客户的行为，把错失机会的责任推给了他们。不提未遂事件，或重新定义未遂事件（例如"这方面的需求很大"），是一个更好的选择。

8.7.21 向客户表明有人与他们进行了同样的选择

人们经常会寻求他人对自己的行为和选择的认同。看看别人的选择可以帮助我们自己做决定，并让自己感到放心。看到文案中"80% 的客户如此选择"的描述，将有助于指导客户决策，并使他们对自己所做的选择更满意。

8.7.22 始终将建议与行动和触发器相结合

当给人们提供建议时，单凭建议可能不足以改变他们的行为。因此，应该始终将建议与明确而又有针对性的行动结合起来。此外，还应该在体验历

程的相关处添加触发器，以帮助鼓励你想要的行为。例如，仅仅告诉人们必须减少能源消耗可能不会带来太大的改变，但增加三个如何做到这一点的例子和一个"立即行动"按钮，将增加改变的可能性。

亚马逊以一种巧妙的方式很好地使用了这些规则。当你买东西的时候，它不仅表明你和很多人的选择一样，而且它还会诱使你去看一些其他东西，就像在说，"嘿，其他人都在买这个，你不这么做就是愚蠢的。"

8.8 尾注

[1] "Hidden Fees Top Survey of What Annoys Americans Most," *Consumer Reports*, December 1, 2009, *http://bit.ly/2XfJ4b9*.

[2] Shawn Lim, "Why Investing in Customer Experience Is Essential to Brand Survival," The Drum, September 5, 2017, *http://bit.ly/2wA2WtL*.

第三部分

更进一步

第 9 章

D4Me：设计有意义的体验

客座作者泰德·马修斯（Ted Matthews）在本章中介绍了有意义的体验是如何产生的，以及为什么它们特别令人难忘。本章描述了我们作为一个社会如何开发行为和体验模式，例如仪式和神话。此外，本章还将介绍他的方法——设计有意义的体验（D4Me，Designing for Meaningful Experiences），并解释如何在设计中系统地运用这些模式，以创造令人难忘和丰富的客户体验。

9.1 有意义又令人难忘的时刻

最近，我听到一位年轻球迷在采访中谈到伯恩利足球俱乐部在缺席 51 年后重返欧洲足坛。他兴奋地说，他的父亲实际上曾在现场见证了"重生之战（the Orient Game）"，伯恩利精神流淌在他们的血液中，谁也无法相信这支球队现在又回到了顶级联赛的赛场。我本人也在现场见证了"重生之战"（见图 9-1）。当时我有一种奇特的自豪感和归属感，我见证了历史。那场比赛是我生命中有意义又确实令人难忘的经历之一。

那是 1987 年 5 月 9 日，当时我 16 岁。我的朋友托尼（Tony）利用学校午休时间偷跑出去买了票。我的父母不喜欢我去看足球比赛。但是，这场比赛很重要。如果不能赢，我们俱乐部将永远被踢出足球联赛！

尽管要面对父母的抗议并承担 1.1 英镑的门票，但管不了那么多了，我必须去。体育场理所当然挤满了人，托尼和我戴着紫红色和蓝色的围巾，然后唱着那些已经被传唱了一个世纪的歌曲。我们只有16岁，但感觉已经是成年人了。我们发了疯一样咒骂和喊叫，不由自主地与人群一起扭动。观众在拥挤的看台上像汹涌的海浪一样摇曳。半场休息时我们吃了哈夫纳的肉和土豆派。

除了我们俱乐部获胜之外，我对比赛本身没有任何回忆。但是我非常清楚地记得当天的所有其他元素。比赛结束后，我们冲进球场，加入了快乐的支持者群体。大人们痛哭流涕，陌生人互相拥抱，一个破败的兰开斯特镇在希望和信念中凝聚在一起。

这场比赛之后的30年中，"重生之战"一词已成为斗争的象征，被刻在俱乐部和城镇的历史上。当我提到自己曾在现场见证这一历史时，这对我和其他粉丝都很有意义。在当时这是有意义的，而且随着时间的推移，它被解读出了更多的意义。

图9-1：1987年的"重生之战"。我在图中靠后的位置
来源：兰开夏郡电讯报

但是它为什么有意义呢？

这一经历的意义来自更大的文化背景，即托尼和我所属的文化：北英格兰磨坊镇的工人阶级文化。与大多数足球比赛一样，本场比赛也是一种类型的仪式（我们可以在其中表达自己的归属感）———种包含象征符号的仪式，这些符号包括俱乐部的围巾、歌曲甚至食物等（本来还包括啤酒，但我们年龄太小无法购买）。比赛本身还有更大的背景，这与城镇和俱乐部的历史，以及降级的戏剧性变化有关，同时这也增加了我们对比赛的关注度。显然，另一个重要因素是成千上万的粉丝会聚在一起。像部落一样，所有人都全神贯注地等待一个结果，丰富了体验并提升了意义。

与平凡的生活相比，这些体验更加美好，留在记忆中的时间也更长。它们在大脑中留下了不可磨灭的印记。此类事件在脑海中刻下了所谓的"闪光灯记忆"，其中的关键在于共同的经历，即成为大事件的一部分的经历，以及这些事件对我们生活的重要意义。仪式、神话和共同的象征符号是为体验带来意义的方式。这些社会机制作为连接意义的通道，创造了有意义 [2] 和令人难忘的体验。

以体验为中心的组织可以以这些社会机制为素材建立与客户的深层联系，并设计超越日常生活的难忘体验。在下一节中，我将描述这些机制，然后继续展示如何使用它们来提供真正卓越的体验。

9.2 为意义买单

哈雷和苹果等领先的企业已经使用这些机制很多年了，并拥有了强大而忠实的追随者。就像足球迷一样，他们聚集在一起，做出仪式化的行为，通过动作和符号（例如品牌标志、产品和使用的语言）表达自己的归属感。在聚会中，他们进一步增强了体验。

尽管自从史蒂夫·乔布斯（Steve Jobs）2011 年去世以来，苹果粉丝的热情有所下降，但该品牌仍是公司如何为客户创造有意义体验的一个很好的例子。人们口中的"果粉（Macheads）"，在参加苹果商店的开业庆典时无比热情和兴奋，这与托尼和我在观看"重生之战"时的感受是一样的。他们举行开箱派对并邀请朋友参加这种仪式化活动。他们将品牌的标志印在衣服上，从"古老"的条纹徽标到现代的版本，都带有微妙的意义。果粉们认为自己属于一个群体，并想表达这种归属感。通过消费，他们获得了有意义的体验。如果你不相信我，请在谷歌图片中搜索"苹果文身（Apple tattoo)"，你会发现大量的图片。而对"微软文身（Microsoft tattoo)"进行同样的搜索，结果则寥寥无几。

来源：《经济学人》(The Economist)

苹果在推动客户仪式化活动和相关有意义的体验方面有多积极，我们不得而知。但显而易见的是，它特别擅长在产品上制造属于自己的符号，比如公司的起源，以及它们的创始人史蒂夫·乔布斯。新产品的发布充满了仪式感，由技术负责人、设计负责人和现任大管家蒂姆·库克（Tim Cook）依次进行"布道"。尽管苹果公司是世界上最大的电子产品品牌之一，但许多购买苹果产品的人还沉迷于那个极富创造力又遭到背叛的神话故事中，这也是他们赋予仪式、标志、故事，当然还有产品的意义。

9.2.1 有意义的是新经典

我们现在的经济是一种基于意义的经济，消费者正在积极寻求那些不仅符合自己的喜好和利益，而且能给他们的生活提供一些真实而有意义的东西的产品或服务。消费者希望通过消费来实现转变，达到马斯洛需求层次的自我实现的顶层。飞利浦创新和可持续发展设计研究高级总监西蒙娜·罗奇（Simona Rocchi）建议，要想在当今市场上取得成功，企业必须在客户体验中"增强意义感"。现在，有意义的经济时代已经来临（见图 9-2）。

图 9-2：当自动驾驶实现之后，汽车在未来意味着什么？向自动化的转变将不仅仅是技术、还必须重新定义汽车在过去百年的文明中的意义。如何才能与自动驾驶的汽车相搭配
来源：捷豹

所有经历都有其意义，但是某些经历对消费者来说比其他经历更有意义。意义就是我们阅读周围世界的方式，那些对我们有意义的事情对我们来说

很重要，并且会引起我们的关注。以体验为中心的组织知道在提供产品服务时需要考虑哪些意义，并可以将其融入设计中。

以体验为中心的组织能够理解更广泛的文化背景，并挖掘对消费者有意义的事物。确切的意义可能因人而异，但是，我们经常在一个群体中发现共同的意义，即被称为主体间性（intersubjectivity）的现象。

将意义融入所提供产品和服务的核心应该是创新和设计工作的关键部分。它为体验增加了强大的共享背景，并使消费者通过使用得到有深层意义的体验。但是，这其中的核心部分是消费者通过使用而获得的共同经历，这是一种集体归属感。如果我们希望设计的体验有意义并为消费者增加价值，那么就必须在实际服务体验中加入有共享意义的文化元素。我们需要把"我"变成"我们"。

9.2.2 在"我们"的圣殿朝拜

不管我们多么想将自己视为个人，我们的个性只能通过与其他人和整个社会的关系进行评价。在现实中，我们被社会关系、与他人的联系所左右。

大数据使精确定位和提供个性化信息成为可能，从而为消费者量身定制消费，使他们准确地得到他们想要的东西。然而，事实是，目前这个定制服务过于粗糙，因为人们获得的广告都是基于他们已经购买的东西（在研究和购买一台烤面包机后，我是否还需要再买一台），或者是与其目标完全无关的东西。（西蒙最近购买了一些新的音箱，我上网搜索过它们的样子。现在我在访问每个网站时不可避免地会看到这些音箱）。从数据中了解人们的需求并为其提供个性化服务是非常困难的。

但是，还有另一种方法可以为消费者提供巨大的价值，并提供人们迫切需要的东西——有意义的、共享的体验。

> 消费者在积极寻找有意义的、共享的体验，这为价值创造提供了真正的机会。提供有意义体验的公司将是下个十年的赢家。

我们正在目睹一场从消费中的"我"向共享体验中的"我们"的转变。消费者正在积极寻找共享的有意义的体验，这为价值创造提供了真正的机会。提供有意义体验的公司将在未来十年成为赢家。我们正在积极寻求类似托尼和我在 1987 年 5 月 9 日所经历的那种体验，并愿意为此付费，因为它们为我们的日常生活增添了意义。人类是社交动物，最近的一项研究 [3] 表明，决定人们幸福和长寿的最主要的因素更多地来自我们与他人的关系和行为，而不是饮食或运动。

这种共享的"我们"可以用于重大事件之外的领域。实际上，这些机制可以被破解并使用到从银行服务到公共交通的任何事情上。这是关于庆祝那些来自他人的自我认知、获得生活的意义以及对于一些更大事件的归属感（见图 9-3）。

图 9-3：聚起来，就现在
来源：亚历克斯·霍法德（Alex Hoffard）

9.3 能否无中生有

我们认为永恒的东西和真正的传统已经被发明出来了。苏格兰短裙和效忠誓言就是两个很好的例子。

霍布斯鲍姆（Hobsbawn）和阮杰（Ranger）在他们精心研究并于1983年出版的书籍 *The Invention of Tradition*（剑桥大学出版社）中提到我们现在知道的苏格兰短裙是如何被发明的。最初设计苏格兰短裙的是英国人托马斯·罗林森（Thomas Rawlinson），他做出这样的设计以防止他工厂里面的工人穿的粗碎布卡在机器中。但是在当时，苏格兰短裙是一件中性色的廉价服装，没有格子呢。格子呢图案是工业家发明的，以适应沃尔特·斯科特（Walter Scott）爵士在19世纪初期启动的全面浪漫主义。两者混在一起，这种结合使苏格兰短裙这一相对新潮的发明变成了苏格兰高地人古代服饰的象征，并被载入史册。

为了苏格兰人的身份象征，人们围绕一件被发明的衣服创造出仪式、符号和故事，展示了传统如何被制造并具有持久的影响力，不是持续几年，而是几个世纪。

现在，苏格兰短裙就像高地的丘陵一样真实而古老。当人们穿上它时，至少在节日上，它就成为穿戴者和群体成员有意义的体验的一部分（见图9-4）。

另一个例子是每天早上在美国各地的学校播放效忠宣誓（Pledge of Allegiance）的仪式。效忠誓言[4]由弗朗西斯·贝拉米（Francis Bellamy）于1892年编写，以纪念哥伦布到达美国海岸400周年。它被认为是儿童群体的爱国行动，并被发表在 *Youth Interest* 杂志上，鼓励儿童及其学校确认他们对美国国旗的忠诚。为此，学校需要购买一面国旗。幸运的是，该杂志还出售美国国旗。该仪式既有利于培养爱国主义，同时还赚了不少钱。

效忠誓言是为商业利益而设计的，但它成功了，因为它在正确的时间赋予了意义。在此期间，美国移民正在改变该国的人口统计和特征，这促使人们重新定义"美国人"。效忠誓言恰逢其时。碰到这类事情，时机胜过一切（克莱尔·丹宁顿（Claire Dennington）在第10章中谈到了这一点）。

图 9-4：混搭短裙。在传统符号的基础上为新的传统和意义创造的新的符号
来源：维利亚斯

这类被发明的符号和仪式遍布全球，从新加坡的国庆日（20 世纪 60 年代中期才出现），到 20 世纪初被创造的奥林匹克运动会，包括其所有的盛况和仪式表演。可以带来有意义体验的符号、仪式和神话也正在被借鉴。我在挪威生活的地方，万圣节的传统只有大约 15 年的历史，但它已成为人们在秋天里最重要的传统，包括从美国那里学来的所有与仪式有关的消费陷阱。

如果其他人可以发明仪式，你也可以。以体验为中心的组织了解如何发明传统，创造神话，设计仪式以及使用象征符号。现在你已经了解了通过这一过程创造更深层意义所蕴含的巨大潜力。

9.4 神话、仪式和象征符号

本节中将提供进一步的说明，以显示神话、仪式和象征符号与以体验为中心的组织是如何关联的。它们对苹果公司和哈雷·戴维森公司很重要，应该也对你很重要。

当我们想到神话时，我们常常认为它们意味着不真实的事物。但是，在社会学等领域，神话被理解为一个群体在讲述自己的故事，并真实地反映出这个群体成员的自我认知。神话不是谎言，而是群体身份的共同隐喻。因此，神话是人与人之间建立联系并帮助创造有意义体验的有效手段。神话也容易造就英雄。

哈雷建立在一个英雄神话之上。该品牌充满了自由、美式、逃犯、叛逆的精神。这种故事性帮助哈雷的客户群体树立了自己的身份，并将他们聚在一起，与品牌产生联系。哈雷神话并非基于谎言，但它也不是完全真实的。这是一个有关集体的故事，人们坚信它是由许多与我们时代紧密相关的小的真实事件拼凑而成的。神话的力量非常强大。

另一方面，仪式使我们能够将这些有关身份象征的神话付诸实践。它们是通往有意义体验的通道，包括带有强烈感情色彩的期盼与实现。哈佛大学的最新研究 [5] 表明，吃饭前一个小小的仪式就能让食物的味道更加可口。

仪式将改变我们的身份状态。婚礼使男人变成了丈夫，一次简单的握手即可将我们从陌生人变成熟人。毕业典礼是我们那些有意义成就中的一大亮点，同时也是从学生时代迈向职场生涯的庆祝仪式：该事件充满了象征性的行为（例如握手、唱歌、演讲和游行）和象征性的物品（例如学位证书和学位帽）。

符号是个人和群体用作身份识别和联系的象征。前些天，我停下脚步在奥斯陆市中心和一个陌生人聊天，因为他穿着伯恩利球队的上衣。队服是他与俱乐部联系的象征，而这反过来又象征着我们之间的联系。两个不同年代和不同国籍的人在一个符号及其背后隐含的意义中发现了亲近的关系。一个群体不仅属于一个地方，还可以与其他形式的身份联系起来。

想象一下，如果没有神话、仪式和符号，我们的体验将多么贫瘠。比如从我们的家庭故事中删除有关先人、长者和孩子的神话起源与描述。这些年来，它们已经被反复修饰，一起变成了我们的身份特征和将我们联系在一起的东西。想象一下，取消周年纪念的仪式、周日晚餐、生日派对和节日庆典。想象一下，失去代表一个家族从古至今那些重要时刻的传家宝。

这些素材就在我们身边，可以被创造和借鉴，你可以用它进行设计并创造出奇妙的影响。让我们看看如何将其系统地应用于为你的消费者带来更高的价值。

9.5 有意义体验的设计方法

设计有意义体验（D4Me）的方法是一种理解和使用前述文化素材的结构化方法。该方法已经在职业足球、电信和金融等多个领域进行了尝试和测试，并成为挪威制定国家旅游战略的基础。

它分为四个阶段：

1. 确定文化范围和定位
2. 赋予意义
3. 将产品服务设计为一种服务神话
4. 通过有意义的服务过程将体验历程设计为仪式之旅

我发现该方法是第 3 章中描述的以体验为中心的一个强大加成，不过这个方法适合那些有一定体验设计经验的组织。

9.5.1 第 1 阶段：确定文化范围和定位

确定文化范围和定位可以帮助你确定那些与目标市场相关的重要文化元素。一旦确定了它们，就可以定位那些用于设计体验服务的素材，并找到使其脱颖而出的关键转折点。完成之后，你将就如何实现它们进行详细设计。这听起来似乎是符合逻辑和线性的，但是像所有设计工作一样，它依然遵循了设计的思维方式，即将反复迭代、混沌以及宏观与微观的不断切换结合在一起（见第4章）。

确定文化范围有点像去配眼镜时进行的视力测试。那些大的字母是较大范围的公共文化元素，任何人都可以轻松阅读，但小一些的字母则需要利用不同度数的眼镜和一些专业知识帮助你聚焦。

在某种程度上，确定文化范围是角色图的一种形式，但更多的是在文化、群体认同感的层面的含义。了解这些层面还可以使你更轻松地了解从何处找到文化元素。

确定文化范围的输出结果是一个定义明确的文化聚焦领域。完成这步之后，就可以深入细节并开始定位符号、故事和焦虑了。

符号定位

将仪式（例如毕业典礼）中的符号组合在一起，你就可以对其进行分析并了解其含义。有些符号比另一些符号更有意义。在毕业典礼上，学位帽、礼服和毕业证书可能是最有区分度、最具体的。握手和游行只有在与其他符号相互联系时才比较重要。通过定位这些符号及其之间的关系，我们开始收集有意义的元素并进行设计，但同时也开始看到别人可以理解的新的故事或神话。此过程还将帮助你识别哪些领域不存在现有符号，为创造符号提供机会。

故事定位

在某些文化群体或思想中长期存在的主流故事与神话有哪些？它们告诉我们该群体的哪些身份特征？以苹果公司为例，有关史蒂夫·乔布斯的故事告诉我们，有一个独特的人敢于以不同的方式思考，他是一个叛逆者，一个创造者。这些仍是被广泛接受的"神话"（用社会学家的话来形容），许多Mac用户认为这也代表了他们和他们具有创造性的身份特征。

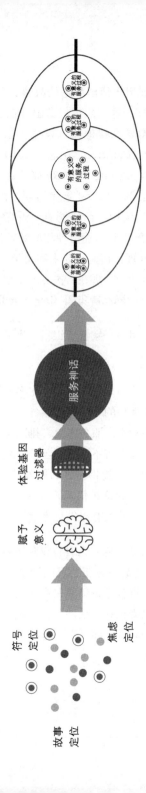

焦虑定位

焦虑定位可以帮助你找到用于缓解焦虑的故事，并通过讲述它们来建立一种平衡（缓解这种焦虑）。这些焦虑经常出现在社会中，但很少被明确表达出来。相反，它们常常间接地通过媒体、艺术和新闻被表达出来。霍尔特（Holt）和卡梅隆（Cameron）在他们 2010 年出版的著作 *Cultural Strategy: Using Innovative Ideologies to Build Breakthrough Brands*（牛津大学出版社）中提到，在 20 世纪 60 年代初期，由于过着舒适生活而感到缺乏男子气概的美国郊区中产阶级男性，非常欣赏杰克·丹尼（Jack Daniel）的神话，因为其象征着拓荒精神和原始野性。在当时，这并非日常对话的一部分，但在电视、新闻、艺术和文学中都会被提及。可以说，减轻这种焦虑的策略是有效的。现在，杰克·丹尼是世界上最畅销的一种精神，该品牌在 2016 年被国际品牌集团（Interbrand）估值为 53.32 亿美元。

让我们看一下我所在的公司与一家挪威银行（为了匿名，我将其称为北欧银行）开展的工作。

北欧银行有一项称作皇家金（Royal Gold，化名）的服务。这是针对那些高额收入者或有大额存款客户的一项特权服务。与提供给普通客户的服务相比，该服务提供更好的利率、服务态度、排队优先级和产品。银行对这些客户得到更好待遇的原因直言不讳（相当于在说）："因为你赚了很多钱，所以相比普通客户我们将为你提供更好的服务。"这似乎立即与挪威传统上对特权的厌恶相冲突（尽管这种情况正在改变）。此外，银行设计的许多客户历程都是功能性的，并没有提供皇室般的客户体验。

我们运用文化分析体系去考察挪威人对特权和银行特权的态度（尽管是从更宏观的角度来看）。通过故事分析，可以清楚地看到挪威长期以来的价值观和受历史文化影响的自我意识仍然左右着社会的态度。这种自我意识受到挪威历史的影响：它既包括"低调"这一职业道德，也含有挪威特有的无法向外人解释的 Jantan Loven（该词描述了一种不认为或不表达自己比其他人优秀的文化潜规则）。

9.5.2 阶段 2：赋予意义

当我们分析文化符号时，我们开始意识到挪威故事中的特权不在于财富，而在于勤奋和社会贡献。这一意义是从我们收集的故事、符号和焦虑中提取出来的，彼此相互印证。这给了我们一个强有力的信号，表明我们需要处理的意义与挪威文化中与特权的冲突息息相关。

在银行业环境下定位特权符号时，我们发现在挪威没有明确的主体间符号。当我们在职业足球环境中进行类似的过程时，我们发现了大量丰富的符号，这些符号充分说明了国民、球员和支持者的自我意识。在银行业中，限制要多一点点。后面，我们会从其他背景中借用有关特权符号，我很快会给出答案。

从定位工作中可以明显看出，越来越多的人担心，自私和拜金主义的增强削弱了民族的自我意识。这可以在嘲笑奥斯陆西区特权的电视剧中、在关注有钱人家孩子的真人秀中，以及在无数担心挪威新上流社会的报纸文章中得到印证。

这为我们提供了创造服务神话的素材，该神话很适合挪威人作为一个群体的自我意识，但也可以作为一个故事来抚慰一个面临身份危机的国家的神经（或者至少对于那些使用"皇家金"服务的有钱人来说）。

9.5.3 阶段 3：将产品服务设计为服务神话

如何设计神话？

不管是出于运气，还是出于学者们的不懈努力，似乎几个世纪以来伟大的故事情节总是那么几个，尽管它们会以发生地特有的文化风格被讲述。虽然学者对于确切数字尚存在分歧，但克里斯托弗·布克（Christopher Booker）认为，所有文化都以一种或另一种形式讲述了七种伟大的故事情节：战胜怪兽，白手起家并致富，探索，远航和回归，喜剧，悲剧以及重生。这些故事似乎在七种情节中囊括了人类大部分的处境和经历。因此，可以将它们作为起点，来创造服务神话。这个神话要与你希望为之创造体验的目标群体的具体情况相匹配，而群体的特征可以从刚才定位的符号和故事中找到答案。如果在谷歌中搜索"伟大情节"，那么可能还会发现其他有启发性的故事情节。

选择正确的神话没有一成不变的方法。它来自文化定位过程中确定的素材以及适合自己的体验基因。服务神话开始出现时，请使用体验基因作为手段来帮助你进一步明确神话与该基因以及文化背景的匹配。实际上，你将以所在组织或企业的风格来讲述神话。

让我们回到北欧银行的例子来描述我们如何打造服务神话。

随着文化定位使事情变得更加清晰，似乎我们需要找到一种服务神话，它可以包含挪威特权的概念并与之和解。我们认为，白手起家并致富的故事的变体可以很好地实现此目的。故事的主人公一开始穷困潦倒，接着他获得了权力、财富和伴侣，然而一夜之间这些都离他而去。后来，他经过不断的成长，真正认识到那些失去的东西的价值，之后又重新获得了他们。这一主题经过修改成为有资格使用"皇家金"服务的挪威特权阶级的服务神话，同时还体现了品牌价值：

> 你很努力，很聪明。你将得到奖励，并得到应有的赞赏。你拥有超越金钱的成功，并且了解成功所带来的价值。北欧银行也了解这一点，并感谢你选择我们来管理自己的财产。

与此形成鲜明对比的是："因为你赚了很多钱，所以相比普通客户我们将为你提供更好的服务。"

在设计有意义体验的过程中打造服务神话，为产品以及有意义的服务体验奠定了基础，这个服务体验还被视为仪式性体验的一部分。这是服务神话的来源，它使用了你在定位过程中收集的许多符号，并与那些专门为产品设计的符号相结合。但是在发展这些服务之前，需要找出那些关键过渡点，在此之后有意义的服务过程才可能被设计出来。

9.5.4 阶段 4：利用有意义的服务将体验历程设计为仪式之旅

仪式是赋予意义、增强体验的途径。在服务环境中的例子可以是：买一辆新车，签订一份合同，升级一项服务，收到一份包裹，酒店入住和离开，续签租约等。因此，仪式有可能将普通的服务体验变为有意义的服务体验（Meaningful Service Encounter，MSE）。

仪式能将时间结构化并赋予其意义，包括三个阶段：分离、过渡和重新结合。每一阶段的目的都是将人们的情感连接到有意义的事物上，然后将其印在他们的记忆中。分离是一种在放弃的同时建立期望的方法。过渡是体验的核心，应该充满象征符号和有意义的行为。重新结合为再次确认体验，并使人们回到日常生活中，尽管他们的经历已经改变。

仪式可以是盛大的成人礼，也可以是日常生活中的小事和互动。握手是这些小事中一个很好的例子。我们向他人伸出手时进行了分离，在握手的同时我们处于过渡状态，当我们把手收回来时我们重新结合。

更大一些的仪式，例如婚礼、毕业典礼和颁奖典礼，也遵循分离、过渡和重新结合三个阶段，并充满了较小的仪式和有意义的互动环节，进一步创造并增强体验。这些是开发 MSE 的基础。

这意味着，当我们使用仪式化的结构来设计 MSE 时，我们可能会放大或缩小尺度，或者二者同时发生。MSE 的结构链可用于更大维度的体验，也可以用于为短暂的体验增加意义。无论选择什么，我们都在设计超越表面的、更加深远的意义。

回到"皇家金"的例子，我们把仪式融入了体验历程。这项服务体验被设计为一个仪式之旅，包括分离、过渡和重新结合三个阶段，但同时向前（称为"前期"）和向后（称为"后期"）分别拓展了一个阶段，从而变成了五个阶段的仪式之旅。这种体验由一系列（8 个）有意义的服务过程构建，这将帮助客户在参与过程中建立期望和意义。

除此之外，我们还使用了清晰而强烈的象征符号。我们发现，在文化定位过程中，当前的服务没有任何东西可以将银行业务与挪威的特权意识联系起来。因此，我们决定将（皇家金）信用卡作为特权的象征，并使用精心设计的信件作为提升身份的主要象征。在客户历程的前期阶段，设计以下的沟通策略：把信件的接收和信件本身与有意义的东西联系起来，以此作为挪威特权的象征，同时与树立的服务神话的基调相吻合。

分离阶段将从接收信件的 MSE 开始，该信件的精美设计显示出它的重要性。它正式邀请客户成为"皇家金"会员，因为他们的辛勤工作和努力为其赢得了会员资格。此后，一系列较小的 MSE 将引导进入过渡阶段，包括剪卡仪式和人工制品，以及一次精心设计的登录过程。重新结合阶段将这一体验带入尾声，包括聚会，赠送礼物以及强调体验的意义。

最终的设计不需要银行投入大量资金，只需重新排序，重新强化以及对某些工艺品进行少量重新设计，即可提供全新的服务体验。主要花费是引入并打造一封信件，重新定义这封邀请信的价值。

9.6 小结

在结束本章并将其与本书的其余部分进行整合之前，我想对此过程的应用做一点反思。

无论是骑哈雷摩托车，穿角色扮演服装，在苹果店的开业典礼上聚集，还是仅仅在足球比赛中与陌生人一起唱歌，消费者都可以通过共同的消费经历找到重要的意义、欢乐和与他人的重要联系。他们表现出仪式化的行为，讲述和自己喜欢的品牌有关的神话，并接收能够提供体验的服务。通过设计促进这类体验，应该越来越成为以体验为中心的组织的一部分。

使用 D4Me 方法将帮助你了解、找到和设计对产品和服务有意义的内容。这将使人与人（包括你在内）之间建立联系，并提供更丰富、更难忘的体验。通过使用仪式、神话和象征符号等更广泛的文化机制，可以找到有效的方法来影响体验并与客户建立更牢固的联系。

尽管这么说，但这并不是操纵客户，而是利用文化机制来改善他们的体验并创造共同的共享价值。客户正在寻找共同的有意义的体验，问题是你是否可以提供这些体验。人们能否通过消费获得意义，这不是该由我们判断和评价的。

D4Me 方法旨在使客户有机会使用已建立的文化概念，将其与组织的体验基因联系起来。如果解决方案不符合组织的体验基因，或者与文化不协调，那么它将变得不真实和刻意。因此，将设计的有意义的体验视为真实的体验很重要。通过这种方式，组织可以提供非凡而难忘的客户体验，这些体验利用并增强组织的体验基因，创造共同的价值。这可以使组织从竞争中脱颖而出，建立可持续的竞争优势，并为客户创造价值，同时也可以巩固作为以体验为中心的组织的角色。

9.7 尾注

[1] Casper ter Kuile and Angie Thurston, *How We Gather* (Cambridge, MA: Harvard Divinity School, 2015) *https://www.howwegather.org/new-page.*

[2] Henry Mason et al., *Trend-Driven Innovation: Beat Accelerating Customer Expectations*, (Hoboken, NJ: John Wiley & Sons , 2015).

[3] Julianne Holt-Lunstad, Timothy B. Smith, and J. Bradley Layton, "Social Relationships and Mortality Risk: A Meta-Analytic Review," *PLoS Medicine* 7, no. 7 (2010): e1000316.

[4] Richard J. Ellis, *To the Flag: The Unlikely History of the Pledge of Allegiance* (Lawrence: University Press of Kansas, 2005).

[5] Katherine D. Vohs et al., "Rituals Enhance Consumption," *Psychological Science* 24, no. 9 (2013): 1714–21.

[6] Christopher Booker, *The Seven Basic Plots: Why We Tell Stories* (London: Bloomsbury Press, 2004).

第 10 章

趋势转化

本章由客座作者克莱尔·丹宁顿（Claire Dennington）撰写，她在博士期间一直从事将趋势转化为体验的研究。克莱尔在运用趋势转化（trendslation）方面颇有建树，这一方法是她与不同规模的企业共同开发的。她肯定比我更擅长解释这些。

这一章将告诉你为什么文化趋势在成为以体验为中心的企业的过程中至关重要。你将学习如何将这些文化素材作为创新的来源。我将通过示例来讨论文化与意义的创造。还将向你介绍趋势转化的方法，它提供了一种根据文化趋势和体验基因设计更有意义的服务体验的方法。

10.1 理解文化趋势，设计更有意义的服务体验

2012 年桑迪飓风过后，大西洋中部各州成千上万的人被迫离开家园。一个爱彼迎（Airbnb）房东想帮助这些人，于是她与 Airbnb 公司取得联系，咨询如何免费分享自己的房屋以帮助那些需要临时住所的人。Airbnb 是在商业环境下成立的企业，默认的规则是只要租房就会涉及付款，事实证明免费出租房屋对它们来说是一个极大的挑战。但是，该公司没有拒绝这个项目，而是利用一个紧张的周末重建了平台，以整合危急时刻免费分享房屋这项新的服务。然后，该公司进一步拓展了这项功能，并推出了一项名为"开放家庭（Open Homes）"的新产品，该产品现在已成为

208

Airbnb 的一部分（见图 10-1）。开放家庭为那些由于自然灾害、冲突和疾病需要临时住所的人们提供了有意义的体验。在撰写本文时，由于加州的野火，将近 30 万人被迫离开了家园，"开放家庭"倡议在为这些人寻找避难所的过程中做出了贡献。根据共享房屋的核心理念，便捷地提供创新而有意义的体验，这是 Airbnb 特有的能力。这并非源于单纯对金钱的追求，而是来自公司强有力的组织协调能力、以体验为中心的理念、深厚的同情心和价值观，以及特有的将文化对话转化为新的服务体验的理念。

图 10-1：Airbnb 开放家庭倡议允许房东免费分享其房屋，这与 Airbnb 的文化很匹配。它没有任何商业意图，但是非常适合该组织的特质和体验基因
来源：Airbnb

10.1.1 赢得文化"黑带"

在阅读本章时，希望你的组织已经接近于精通"以体验为中心"，达到成熟度度量表的顶端。你已经精心打磨和讨论了你公司的体验基因，组建了内部体验团队，聘请了体验经理，并将体验置于组织的核心。现在是时候通过思考和理解你公司在当代文化领域中的位置，进一步完善和提升"以体验为中心"的能力。你可能想知道开篇讲的故事与你的组织有什么关系。好吧，如果想发挥"黑带"级别以体验为中心企业的真正潜力，你需要专注于提供文化相关的服务体验。你需要设计符合消费者当前世界观和

文化背景的体验。你设计的体验要具有情感价值、有意义且重要，可以帮助消费者完成其身份认同。你需要设计新的服务，让你的消费者不仅需要使用，而且真的想要使用。

10.1.2 理解文化的重要性

随着客户体验变得越来越重要，选择强化和改变文化定位的方式将成为脱颖而出的关键因素。通过发展和培养企业对文化趋势的响应能力，你将能够为消费者提供与文化运动和对话相适应的新的服务体验。企业将获得竞争优势，并通过消费者认为与他们生活方式和态度相称的服务体验来获得更高的客户忠诚度。文化的匹配可以使你成为行业的领跑者。通过这种方法，你将能够设计出消费者喜欢的新服务。

一个"黑带"级别以体验为中心的企业能够认识到文化的重要性，因为：

- 当你积极参与文化活动时，你会被视为领导者而不是追随者。你代表着那些能够引起消费者深层共鸣的东西，从而在市场上脱颖而出。
- 你在自己的体验基因和文化之间建立了特殊的联系，竞争对手很难复制。
- 文化和文化背景决定了意义，以及人们认为对其有重要意义的东西。我们通过文化背景和破译文化密码来解释意义。
- 文化理解与人们的自我意识和身份扩展有关。通过文化范式（例如着装、饮食和休闲活动），我们展示自己的喜好和品味并以此来表现自己。这不仅涉及个人身份的创造和交流，还包括群体。
- 你越关注客户体验，就越能形成服务特色。这种特色将建立消费者对行为的预期，利用特别服务可以使这些行为超出普通的体验历程。因此，消费者将通过文化视角来审视你的行为，这意味着他们希望企业的行为可以反映当前文化趋势，并契合所在的文化背景。
- 时刻牢记文化，并将其与体验基因相结合，这样可以使目标清晰明了。不论你是服务提供商还是雇主，它都能使你脱颖而出。因此，它还有助于发展企业内部文化以及进行相关人员的招聘。

要成为"黑带"，需要建立文化敏感性，并充分接受以下事实：文化的匹配可以推动企业朝着成为行业领跑者的方向发展。通过这种方法，你将能够设计出客户喜欢的新服务。

10.1.3 定义文化：我说番茄，你说西红柿

"文化"是一个意义模糊、很难捕捉的术语。也难怪，文化一词在不同的上下文中有不同的含义。它所指的可以是高级文化，例如美术和歌剧；可以是企业文化，比如工作场所如何形成某些共同的价值观、规则和礼节，例如"黑色领带星期一"或"休闲星期五"；可以是流行文化，描述流行的喜好和表达方式，例如流行的奈飞（Netflix）系列或最新的音乐热潮；也可以是各个国家独特的"文化"。在本章中，当提到文化时，我指的是当代文化，即日常生活中存在的一系列由群体成员所共享的价值、实践、行为和信念，就像文化理论家斯图尔特·霍尔（Stuart Hall）[1] 定义的那样。

10.1.4 适应文化

让我们简要回顾一下刚才介绍的那个故事。作为一个充满活力和创新性的以体验为中心的企业，Airbnb 在本质上是与社会和文化运动相匹配的。可以说，它背后蕴含的概念是建立在一种强烈的文化趋势上的，即人们出行越来越频繁且希望体验新的地方，而非以我们之前很多年所熟知的游客式的旅行方式。不，现在我们想要像当地人一样旅行——不仅要游览城市，而且要在当地社区体验真实的生活，去当地的咖啡馆，与邻居友好地聊天，成为社区的一部分，并把新的地方视为自己的另一个家。毕竟，"像当地人一样生活"就是 Airbnb 基于体验的价值主张。从 Airbnb 创始人出租第一张充气床垫开始，他们就用一些小的文化线索强化当地的体验（例如留下一些零钱供游客用来乘坐公共交通）。

作为一个以体验为中心的企业，Airbnb 形成了独特的文化运动意识，并了解如何将其转化为新的体验产品和接触点。该公司适应文化的影响，围绕其核心产品——出租经济实惠的住处，不断进行调整、完善和创新。还将此与自身的体验基因和愿景相结合，以"帮助创建一个你可以属于任何

一个地方的世界"。通过将文化影响力和品牌基因转化为体验，该公司可以提供更有意义的体验，"开放家庭"倡议就是一个例子。通过这项倡议，该公司为那些处于危机中的人们、那些希望提供帮助的人们，以及整个社会创造了有意义的体验。

Airbnb 发起"开放家庭"倡议并不是因为想赚更多的钱（这项服务是免费的）。这样做是一种慈善行为，因为这非常符合该公司的体验基因。这项倡议确实非常符合该公司的服务人设，即一名友好的思想开放的邻居，这一人设源于创始人的个人价值观。如果你的朋友、家人或邻居需要帮助，你该怎么办？你将向他们敞开家门。

文化影响力塑造了服务人设和人们对行为的期望。现在，想象一下如果特朗普酒店（Trump Hotels）在危机时期免费提供客房会是什么样。你会质疑其动机吗？你是否认为酒店将试图（以某种方式）利用脆弱的状况谋取商业利益？来自 Airbnb 的文化响应非常适合自身的体验基因，但同样的事情对于特朗普酒店来说可能是错误的。以体验为中心会产生对行为的期望，因此积极参与相关的文化对话对于提供有意义的体验至关重要。

让我们看另外一个例子。法国英特马诗（Intermearché）超市认识到一个日益增强的有关食品浪费和可持续食品的文化趋势。通过设计开发新的服务和产品将这一趋势融入有意义的体验中并取得了成功。英特马诗将原本可能只是营销噱头的东西变成了完整的体验。关注那些通常因外观而被丢弃的不完美的水果和蔬菜，并基于"难看的水果和蔬菜"的概念对其进行了幽默的分类（见图 10-2）。通过强大的外形设计、调侃的语气和整个服务生态（包括店内发生的事件，难看的奶昔和难看的汤），以及出售奇形怪状的产品，将其转化为一种体验。结果令人难以置信：产品销售一空，新客户蜂拥而至，英特马诗赢得了全国赞誉。成功的关键因素是它将趋势转化为强大的体验产品，并将其落实到各个接触点。

图 10-2：法国英特马诗超市将日益增长的对食品浪费的关注转化为一种非常成功的新服务产品"难看的水果和蔬菜"，为客户提供了有意义的体验
来源：英特马诗

10.2 如何进行趋势转化

为了将文化趋势成功转化为服务体验，需要首先确定哪些文化趋势与企业相关，然后在此基础上将其作为所提供体验的关键部分。这种文化亲和力需要嵌入到整个企业中，作为公司主干的一部分，同时需要嵌入体验基因中。你需要超越象征主义、企业社会责任（CSR）的最低标准、附属品或巧妙的营销手段。你需要在情感上围绕消费者面临的问题进行体验设计。

而且你必须是真心实意的。为什么？因为如果不这样做，你将会被你关心的人和关心你的人识破。与 Airbnb 的例子一样，在设计有意义的服务体验时，需要拥抱善意的行为——让人们相信你把他们的利益放在心上。最后，你需要勇敢一点。

当 Airbnb 在开赛前 10 天获得超级碗（美国橄榄球联盟决赛）的广告位时，他们决定利用这个接触点提供的机会，与特朗普总统最近推出的旅行禁令产生文化关联，同时发起名为"我们接受"的倡议。在接受采访时，首席执行官布莱恩·切斯基（Brian Chesky）回忆说，在广告播出前两天，他差一点把它撤掉，因为担心这可能会对 Airbnb 的业务造成不好的影响。结果恰恰相反，这则广告成为有史以来最有共鸣的超级碗广告之一。这则广告时效性很强，言辞激烈，与公司的体验基因相关，并且迎合了当时的社会文化和政治运动。之所以能发挥效果，是因为它与 Airbnb 的人设以及客户期望的行为非常契合。

巴塔哥尼亚（Patagonia）是一个建立在一种所谓的"勇敢"人设上的服装品牌，因为它与主流的时尚产业背道而驰。凭借其积极进取的个性，该品牌秉承一种理念和愿景，即打造经久耐用的产品，同时不对环境造成不必要的伤害。这被嵌入公司的体验基因中，并延伸到整个企业，渗透到巴塔哥尼亚体验的每个细节。将与自然和户外运动体验的紧密联系融入自身产品以及反营销方法（不要购买那些不需要的东西）之中，最近又将其转化为新服务，例如服装修补和二手巴塔哥尼亚服装平台。

耐克（Nike）在 2018 年 9 月，冒着引发争议的风险聘请前旧金山四分卫科林·卡佩尼克（Colin Kaepernick）作为其促销活动的负责人（此人以在美国橄榄球联盟（NFL）赛前播放美国国歌时跪下抗议种族不公而闻名）。社交媒体上充斥着焚烧耐克鞋的图片。主流媒体预测该品牌将受挫，但恰恰相反，耐克股票却因此暴涨。人们认为该公司敢于对自己的信仰表达立场。耐克展现了一种坚信和捍卫人人享有平等权利的形象，（对于那些不焚烧运动鞋的人）这被视为一种有意义的体验，并且与公司的体验基因相吻合。它的勇敢得到了丰厚的回报。

10.2.1 了解文化趋势：时代精神的重要性

作为"黑带"级别以体验为中心的企业，你需要了解并适应当下的文化精神——时代精神（zeitgeist）。这是时代的精髓，虽然在当时大多数人都注意不到，但未来人们回过头观察时就很明显。以体验为中心的企业需要与时代精神保持一致，并始终设法将客户体验与文化的根本趋势进行匹配（见图 10-3）。

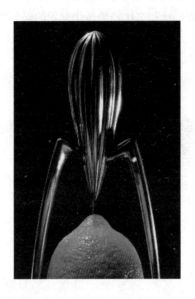

图 10-3：由菲利普·斯塔克（Philippe Starck）设计的这款标志性的水果榨汁机，是符合时代精神的产品的完美典范。它是在 20 世纪 90 年代嘲讽实用主义的系列产品之一，这些产品催生了一股"古怪而有趣"的后现代产品风潮
来源：维基百科，知识共享

"撕毁，混合，烧录"是苹果公司在 21 世纪初向粉丝们传达的信息，当时该公司彻底颠覆了音乐市场。通过引入音乐下载服务 iTunes，并发布具有翻录和刻录 CD 功能的新型电脑（iMac），他们为客户提供了引领时代潮流的机会，即变成指挥家并拥有自己的音乐串烧 CD。苹果公司将独立和自由的社会选择作为其时代精神，并将其融入产品和服务的生态系统。配上 iMac 机器彩色半透明塑料的外形设计，改变和拯救了苹果公司（见图 10-4）。iMac（当时比较激进）的设计与颠覆音乐服务的努力相结合，扭转了

苹果公司的命运。可以说，这完全归功于对文化趋势的转化。

对于大多数以客户为导向和以产品为中心的企业来说，了解和转化文化趋势是在正确的时间向正确的客户提供正确的产品的关键因素。这需要根据客户的价值观、需求和期望，提供有意义且令人满意的产品。这需要有一支由设计专家组成的团队来紧随文化趋势，并利用他们的设计技巧将其转化为新的服务体验。你需要投入时间精力寻找那些与企业高度匹配，同时具有品牌营销、服务设计和文化趋势转化知识的服务设计师。

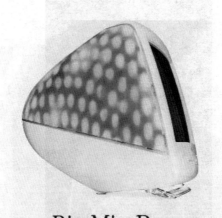

图 10-4：在 21 世纪初期，苹果公司理解时代精神，并选择推出能够给人们带来自由、个性和选择体验的产品和服务。这颠覆了音乐产业，同时将苹果重新定义为具有文化意义的品牌
来源：苹果公司

你需要开发动态的企业架构，使其能够吸纳这种文化知识，并拥有一个团队，该团队不仅可以确定哪些文化趋势是相关的，而且可以反思并提取这些趋势变迁的潜在含义。为什么会产生这些趋势？它们在传达什么信号？趋势出现的主要原因是什么？趋势背后的潜在含义是什么？而且，更重要的是，这对我们意味着什么？

10.2.2 提供美妙的审美体验：伊索

伊索（Aesop）是一家源于对"美丽"这一文化趋势的响应而建立起来的企业（见图 10-5）。这是一种昂贵的奢侈体验，一种基于美丽、极致美学和具有诗意的体验而打造的体验产品。伊索公司就是一家捕捉"美丽"这一时代精神的公司的例子。它创造了一个审美的世界，远远超出了产品的范围。因此，当你与伊索建立关系时，你不是在购买化妆品，而是在欣赏美丽。

30 多年来，伊索一直"在为皮肤、头发和身体提供护理配方，这些配方不仅关注每个细节，同时兼顾功效和感官愉悦"。伊索公司上上下下都非常重视设计和体验，并精心打造了客户体验历程中的每个接触点和元素。凭借与艺术、设计和建筑的紧密联系，以及对原材料与成分的兴趣和认识，伊索提供的产品、包装、外形，甚至商店的内饰，不仅使用效果好，颜值也很高。公司的体验基因不断转化为极具风格的美学元素，例如精心策划的艺术家合作、友好而专业的语言以及包含诗歌和精美插图的邀请信。伊索并非适合所有人，但在目标群体中，客户通过其提供的审美体验感到该品牌为他们的生活增添了价值。每次洗手或洗脸时，他们都会将体验与奇妙的伊索世界联系起来。当然，他们愿意为此付出代价。伊索非常成功地识别出"美"的文化主题，并将其融入审美体验的世界，这也帮助伊索取得了 40% 的年增长速度。

图 10-5：伊索已将购买和使用美容产品转变为一种审美体验
来源：克莱尔·丹宁顿

10.3 将体验基因与文化结合起来

"当人们发现与真实脱节时，他们会感到被欺骗并做出负面反应。"
——泰·特兰（Tai Tran），福布斯30位30岁以下首席执行官排
行榜

在设计新的服务时，至关重要的一点是新产品不仅要适应文化趋势，还要与体验基因紧密结合。伊索的例子描述了一个以体验为中心的企业，该企业已成功地将其体验基因与文化趋势相结合，并将其注入整个企业。通过文化意识和文化匹配，你可以更轻松地锁定新产品和服务的方向以及哪些方向最适合公司。也就是说，文化意识和匹配使你明白公司的展望和无形的界限在哪里。同样重要的是，它们可以帮助你了解哪些东西不适合你的公司。如果伊索公司想搬进郊区购物中心新开的快餐区，那么该公司的大多数忠实粉丝可能会惊诧不已，同时抛弃这项倡议和该品牌。但是，如果伊索在当地的音乐节上开设了一个集装箱式酒吧，提供具有美容和养颜功效的富含维生素的健康果汁，那么大多数粉丝会为它喝彩，并毫不犹豫地购买和推广它。换句话说，伊索的体验基因只适合于特定的文化场合，这对所有企业都一样。了解并充分利用它是趋势转化的关键。

当宜家在华沙推出社交厨房（Kutchnia Spotkan，城市公寓住宅里宽敞且设施齐全的厨房）时，它不仅为人们提供了聚在一起做饭和用餐的空间，同时也在解决大城市居住成本高、居住面积小的问题。宜家似乎不仅在尝试销售家具，而且在探索如何创造家具。宜家以创新的方式使客户有机会参与到宝贵而有意义的体验中，从而与自身"通过经济实惠的解决方案获得更好的生活"的品牌主张保持一致。同样，当约会服务提供商 Match.com 发现有 310 万用户将"咖啡和对话"列为兴趣时，它们与星巴克合作，推出了"相约星巴克（Meet at Starbucks）"服务。通过这项服务，只需一次点击，就能发送咖啡约会的邀请，同时还包含了聊天功能。该功能使到访星巴克的用户可以直接与同时在店的其他用户聊天，从而为我们生活在数字时代的人们提供了一个在现实生活中与人约会的机会，并为客户体验增加了价值。

2016 年，星巴克创始人霍华德·舒尔茨（Howard Schultz）鼓励员工在美国大选中投票，并且与投票服务公司 TurboVote 合作，使员工可以通过计算机或移动设备进行注册。2018 年，星巴克雇用了 8000 名退伍军人，并承诺雇用 10 000 名难民。不同于增加一项市场营销活动，星巴克将倡议与自身的体验基因相结合，并将其完全融入企业。对于星巴克来说，这是一个新的方向，但也并不总是成功的。它提出的旨在引发关于种族平等讨论的倡议就是一个失败的倡议，不是因为这个想法不好，而是因为它的实施有问题。但是，很明显星巴克已经认识到，它不仅是市场上的商业参与者，而且是社会上的文化参与者，这既意味着责任，同时也意味着要承担后果。

10.4 趋势转化方法：转化的三个步骤

在与一些品牌和公司合作开展服务设计研究之后，我看到了协助企业进行趋势转化的需求，即把文化趋势转化为新的服务。近年来，我致力于开发趋势转化的方法（见图 10-6），已经在企业中应用并取得了成功。趋势转化方法提供了一种设计方法，以进行更全面的、由趋势驱动的服务创新，以及提供更有意义和丰富的服务体验。趋势转化方法探讨了如何通过趋势识别深层意义，以及企业如何捕获这种意义并根据其体验基因来开发新的体验产品。趋势转化的三个步骤是：

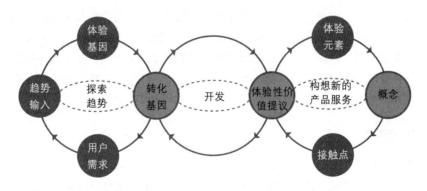

图 10-6：趋势转化方法通过三步过程将趋势转化为新的服务体验
来源：克莱尔·丹宁顿

1. 理解和探索趋势，以提取内涵意义及其与公司体验基因的关系
2. 构想，将内涵转换为体验价值主张（EVP）
3. 通过体验历程和体验元素来定义和细化服务概念

10.4.1 探索趋势

趋势转化过程的第一步是要清楚地理解趋势背后的潜在含义。这意味着要思考趋势的实际内涵：对象是谁？如何出现？为什么会出现？以及趋势是否/如何/为什么与你的企业相关？在我与合作伙伴的工作过程中，仅通过定位，讨论并将趋势解读为文字和视觉表现形式就能使其潜在意义更加清晰。从本质上讲，你是对趋势的难以捕捉的本质特性进行解码和二次编码，并使它们与你的体验基因产生关联。解码（DCODE）的五步过程可以完成这项探索：

D - 讨论

这种趋势在个人、个体、社会和企业层面有何意义？探讨趋势的关键特征是什么，以及这一趋势与企业之间的相关性。讨论趋势发展的程度：它是小趋势，中等趋势还是大势所趋？

C - 思考

为什么现在会出现这种趋势？是否存在影响文化和社会的更大的运动，例如技术、政治、社会文化、环境或经济变化？思考一下态度正在以何种方式发生转变，以及为什么这些问题对人们很重要。思考一下企业是否可以并且应该与此趋势相关：相关吗？为什么？通过什么方式？请记住，趋势需要以一种良好的方式适应企业及其体验基因和服务个性。

O - 观察

注意那些表现不同行业趋势的"线索"或证据。进行城市田野调查或相关研究，查找新闻、社交媒体、新产品、艺术、电影、文学、畅销书、热门标签。留意最新的创新、服务和初创企业。开始收集这些线索的例子，并创建它们的可视化知识库。

D – 定义

根据这种趋势及其与公司体验基因的关系，详细阐明可能出现的新需求和新机会。

E – 解释

用一个简单的短语概括这一趋势的核心、来源和潜在含义。

在执行每个步骤的过程中，记录一些关键词、简短的说明和想法可能会有所帮助。可能要研究被你组合在一起的相互关联的多个趋势，只要这些趋势有助于定位并揭示你和公司正在寻找的潜在含义，就都可以研究。这不是一门精确的科学，但它有助于共同创建可视的体验代码地图。在有意愿、有经验的情况下，用视觉方式进行思考，可以借助不断显现的线索形成关于潜在含义更连贯、更完整的表达。这种可视化的方法可以帮助你立即获得体验看上去是否正确的反馈，同时形成整个项目团队共有的责任心。你的目标应该是将该过程总结为一个简短的句子，以概括其潜在含义，并将此作为下一步概念构思的基础。

10.4.2 提出体验价值主张

现在你已经研究了一种趋势，理解了其含义，并准备好将这些知识转化为体验价值主张（EVP）。为此，你需要规划新的机会领域，并开始考虑可以提供哪些新服务以适应这些领域。思考一下新的产品会如何影响或加强现有产品？这些新产品是否以及如何与公司的体验基因保持一致？趋势转化的第一步是基于你的观察和思考，想象一下在不久的将来可能会发生的情况，并开始思考以下内容：全新的产品服务将是什么样的，现有产品服务的升级版本将是什么样的，以及什么将成为未来的产品服务？当你开始设计新产品服务时，请对体验进行深入剖析。新服务将被称为什么？电梯广告宣传语怎么写？你将用哪些图像来表现这种体验？通过这种方式，你和你的团队将建立一致的认知和期望。这也是构建概念库的好方法，它将在未来为你所用并带来启发。

10.4.3 详细描述新服务理念

在这一阶段保持开放的心态至关重要。不能做、不会做、不想做、不该做的事情有很多，但是必须抵制这种思维方式，并接受新的思想。基于刚刚识别出的趋势，问问自己，客户梦想什么，恐惧什么，期待什么，需要帮助解决什么问题。什么是对他们有意义的？关注新产品的文化背景和要提供的体验。

为了进一步将服务内容或想法转变为服务概念，需要开发独具风格的体验图（见图 10-7）。独具风格的体验历程就像包含各种情绪的体验历程（参见第 8 章）。它将使体验服务历程更进一步，通过加入与不同阶段体验相关的风格化的图像来传达更丰富的体验画面。通过这种方式将文化和个性与客户的体验联系起来，从而确保文化相关性直达各个接触点。

通过开发风格化的体验历程，你可以确定新的机会领域，这可以引导你开发其他更好的体验价值主张。为了在整个服务过程中吸引客户，每个接触点和细节都需要具有明显的个性，包括语调、感官元素、手势和礼节等服务的细节。

为了进一步增强体验历程，可以在接触点上加入一些具体的体验元素，以加强企业的预期体验或意义，并帮助你形成特定的服务风格。体验元素可能包括感官、符号、手势、肢体、数字化、材料、美学和空间细节，例如语调、室内设计、图形元素、品味、声音、照明、字体、颜色、插图、照片、品牌、形式或地理位置。通过理解和细化这些元素，你可以转变、改变甚至策划体验。

10.5 小结

本章描述了文化意识如何成为"黑带"级别以体验为中心的企业的核心能力。通过理解时代精神，能够将文化趋势转化为相关的体验，从而使客户感到满意和高兴。这样，你将能够满足客户尚未意识到的需求，与他们建立长期关系，并创造他们认为理想的体验。

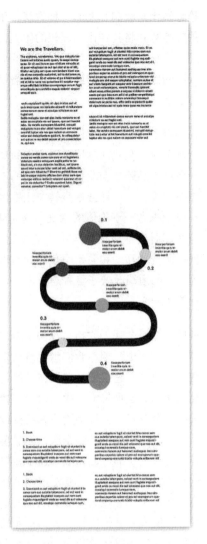

图 10-7：风格化的体验历程将文化相关的图像加入第 8 章中描述的体验历程定位中。这样做，可以使体验历程拥有更丰富的画面，并确保文化相关性直达各个接触点

来源：克莱尔·丹宁顿（Claire Dennington）

趋势转化是我们开发的一种方法，用来帮助组织洞察趋势，识别与服务相关的趋势并将其转化为理想的体验。这种方法简单明了，已成功应用于从超市到全球服装品牌等不同行业的大小企业中。趋势转化是一种需要具备很高的体验成熟度的方法，因此需要建立在以体验为中心的企业的核心能力之上。

在结束本章时，我想谈一谈关于价值感知的问题，它将在未来几年内影响所有企业。在我从事博士研究期间和过去几年的工作中，我曾与许多专注于产品的品牌和企业合作。它们的主要目的是卖产品，所以全部资源都聚焦在销售上。当社会逐步转向注重体验的、由服务主导的社会时，它们都不得不思考一下价值的意义。这意味着关注点需要从销售转向服务体验，与此同时发展以体验为中心的文化。现在，价值并非从单纯的销售中获得，而是从互动和关系中获得的，这将影响企业的思维方式。遵循以体验为中心的道路改变了这种思维方式，而趋势转化的方法顺理成章地成为企业的下一步工作。

最后，有一个强大的趋势我们不能忽视，即客户越来越感觉到，我们已经进入新的历史时期，我们需要承认资源是有限的，当前的消费模式需要改变。消费者对过去那种"用完就扔"的心态的批判越来越多，人们认为需要永久抛弃这种思维方式。由于消费者希望与各行业的龙头企业建立长期关系，企业寿命、社会责任和可持续性将成为下一个十年的主要趋势。作为一个以体验为中心的企业，你需要与这些重要的问题建立联系。当人们开始购买更少的产品，或者逐步转向使用那些可以提供更可持续解决方案的服务（例如租赁、重复使用和维修）时，你需要在销售之外提供创造价值的新服务来重新定位自己的企业。如何通过提供情感价值、体验价值、教育价值或社会价值等，成为行业的领跑者？在我看来，一个良好的开端是拥抱你作为以体验为中心的全面发展的企业的新角色，并提供可以为人们的生活增加价值和意义的新的服务体验。这样，你便成为当今社会文化对话的一部分，这是一个不错的归宿。

10.6 尾注

[1] Stuart Hall, "Gramsci's Relevance for the Study of Race and Ethnicity," *Journal of Communication Inquiry* 10, no. 2 (1986): 5-27.

[2] Tai Tran, "#RaceTogether: 3 Reasons Behind Starbucks' Plunder," LinkedIn, March 21, 2015, *http://bit.ly/2JR0bNo.*

结语

10.8 属性

成为以体验为中心的企业不是可有可无的选择，而是市场驱动下势在必行的举措。只要是存在竞争的地方，组织都在以某种方式在体验方面进行竞争，且所有组织都会不可避免地进入以体验为中心的赛道。你可以选择沿着这一赛道快速前进并获得竞争优势，也可以选择等待，眼看着其他人快速超过你。

在这本书中，我讲述了成为以体验为中心的组织意味着什么，以及实现这一转变需要采取的几个步骤。你可以通过采用体验历程的方法获得快速突破，这是一个不错的起点。但是，这也是你的竞争对手正在做的事情。我的经验是，你需要进行长期思索并开始进行组织转型。这种转型的关键是体验思维，这是一种由设计引领的思维方式。如果说有一个学科可以加速向以体验为中心的转型，那就是设计，但并非传统意义上的设计。以体验为中心要求将设计思维作为一种思维方式，将设计行为作为一种行为方式。这种以设计为导向的体验能力的核心是能够看到客户，听到客户并成为客户，从而时刻走在他们前面。但是，仅仅理解这些是不够的，还必须将其转化为体验，以便在体验历程中将富有理想体验的产品服务和接触点结合起来。这需要组织具备以下能力，一方面与趋势、意义和文化联系在一起，另一方面与体验实现、技术和组织结合起来。

以体验为中心之环应该成为你理解以体验为中心的组织的核心。它是一个功能强大的模型，描述了组织各个部门必须如何组合在一起才能提供体验式产品服务。体验基因在这里极其重要，因为了解自己就已经成功了一半，它可以帮助你创造并提供卓越的体验。这并不是要破坏环的其他部分，为了使这个方法切实高效地发挥作用，环的所有部分都必不可少。但是，如果对自己不够了解，那么怎么能期望客户认识你并愿意与你建立关系？这个环可以帮助你了解企业各个部门在创造卓越体验的过程中所扮演的角色，并使你能够将它们协调一致，一起为提供理想体验而努力。它使你能够对组织中各个部门提出恰当的问题，例如"这个软件平台将如何支持体验的实现以及我们想要提供的体验？"或"这种战略合作将如何改善客户体验？"不幸的是，过去这些问题长期缺失，导致客户体验的定义越来越模糊。现在，有了提出问题的框架，还能够将所有问题进行聚焦。建议你自己制作以体验为中心之环，并在发展以体验为中心的组织时积极使用它。

我衷心希望，通过应用本书介绍的方法，你不仅能为自己的组织创造更多价值，还能为客户创造更多价值，并在市场上建立长期的竞争优势。希望几年之后，当回顾走过的路时，你会发现经历了以体验为中心的几个阶段。你的客户将为此感谢你，你的员工将为此感谢你，而你的投资者也将为你喝彩。

延伸阅读

在不清楚那些希望了解更多相关内容的读者的想法时，推荐延伸阅读材料总是十分困难的。考虑到这一点，我根据自己的兴趣和本书主题，在这里列出了一些推荐的书籍。如果你有其他好的书籍推荐，欢迎告诉我，这些都是我的研究领域。

设计思维

设计思维方面的资源主要是咨询类书籍和研究类书籍。从咨询的角度来看，蒂姆·布朗（Tim Brown）的书 *Change by Design: How Design Thinking Transforms Organizations and Inspires Innovation* (HarperBusiness 出版社) 是设计思维浪潮最早的推动力之一，因此值得一读。他在《哈佛商业评论》（*Harvard Business Review*）上发表的文章也不错，很容易在网上找到。我也一直是珍妮·利特卡（Jeanne Liedtka）的粉丝，推荐她的书 *Designing for Growth: A Design Thinking Tool Kit for Managers*（哥伦比亚大学出版社）。从研究的角度来看，哈索·普拉特纳（Hasso Plattner）的书 *Design Thinking Research: Taking Breakthrough Innovation Home*（Springer 出版社）是很好的研究综述。为了更好地了解设计师是如何进行设计的，我推荐将布莱恩·劳森（Bryan Lawson）的 *Design Expertise*（Taylor & Francis 出版社）作为入门读物。

服务设计

在我看来，服务设计在创新服务中的应用将设计思维向前推进了一步。服务设计在美国不如在欧洲流行，但我非常推荐服务设计背后的思想和方法，这是一种务实而成功的使用设计思维进行创新的方法。对我来说，由马克·斯蒂肯（Marc Stickdorn）等编写的 *This is Service Design Doing*（O'Reilly 出版社）是迄今为止这方面最好的书。

客户体验

这是一个雷区，也是我写这本书的部分原因。有很多书籍讲过客户体验的重要性，但我不认为它们有什么帮助。不过我的确觉得希普·希思（Chip Heath）和丹·希思（Dan Heath）编写的 *The Power of Moments*（Simon & Schuster 出版社）是一本还不错的读物，这本书的目的是让你相信体验的力量，而不是告诉你如何利用它。在理解体验方面，丹尼尔·卡尼曼（Daniel Kahneman）的著作 *Thinking, Fast and Slow*（Farrar，Straus 和 Giroux 出版社）是经典之作。我推荐丽莎·费尔德曼·巴雷特（Lisa Feldman Barrett）编写的 *How Emotions Are Made*（Mariner Books 出版社），其中解释了情绪和体验的神经心理学基础。最后，推荐马克·约翰逊（Mark Johnson）编写的 *Embodied Mind, Meaning, and Reason*，他还与乔治·拉科夫（George Lackoff）共同撰写了 *Metaphors We Live By*（以上两本书均由芝加哥大学出版社出版）。

轻推

与客户体验相关，轻推（Nudging）领域很有趣，丹·阿里利（Dan Ariely）编写的 *Predictable Irrational*（HarperCollins 出版社）、理查德·泰勒（Richard Thaler）和卡斯·桑斯坦（Cass Sunstein）合著的 *Nudge*（Penguin 出版社）都是不错的资源。Coglode.com 网站搜集并解释了很多我们存在的轻推或行为偏见。该网站并未解释轻推产生作用的原因，但是它总结说明了什么是轻推。

体验设计

为了能够设计体验，你必须学习如何定位体验，而吉姆·卡尔巴赫（Jim Kalbach）编写的 *Mapping Experiences*（O'Reilly 出版社）是一本很棒的书，它能告诉你所有你需要知道的内容。我还推荐克里斯·里斯登（Chris Risdon）和帕特里克·奎特鲍姆（Patrick Quattlebaum）合著的 *Orchestrating Experiences*（Rosenfeld 出版社）作为补充。

组织转型

我一直在努力寻找从本书角度出发的与组织设计相关的优质书籍。因此，我追根溯源到了组织的根基。杰伊·加尔布雷思（Jay Galbraith）、黛安·唐尼（Diane Downey）和艾米·凯特斯（Amy Kates）编写的 *Designing Dynamic Organizations*（AMACOM 出版社）是该领域的优秀著作。弗雷德里克·拉卢克斯（Frederic Laloux）撰写的 *Reinventing Organizations*（Nelson Parker 出版社）也是不错的选择。要讨论组织设计，那么就不能错过布莱恩·J. 罗伯逊（Brian J. Robertson）编写的 *Holacracy*（Holt, Henry & Company 出版社）。

文化与意义

该领域亟须一本将文化理论应用于设计的书，但是在它出现之前，我推荐以下书籍。道格拉斯·霍尔特（Douglas Holt）编写的 *How Brands Become Icons:The Principles of Cultural Branding*（哈佛商业评论出版社）

非常不错，这本书展示了消费和品牌营销如何响应文化需求。后来，他与道格拉斯·卡梅伦（Douglas Cameron）合著的 *Cultural Strategy: Using Innovative Ideologies to Build Breakthrough Brands*（牛津大学出版社）也值得一读。如果你对仪式和传统设计感兴趣，那么埃里克·霍布斯鲍姆（Eric Hobsbawm）和特伦斯·兰格（Terence Ranger）的 *The Invention of Tradition*（剑桥大学出版社）则是经典之作，其中充满了意想不到的故事，你会意识到文化支柱（包括苏格兰短裙）实际上是被发明出来的。

作者简介

西蒙·大卫·克兰特沃斯（Simon David Clatworthy）是奥斯陆建筑与设计学院（AHO）的教授。他从事体验设计和设计战略应用已有20余年，曾与汉莎航空（Lufthansa）、挪威电信（Telenor）、维萨卡（VISA）和阿迪达斯（Adidas）等全球大型服务机构合作。西蒙拥有服务设计专业博士学位，并在挪威服务创新中心和医疗互联中心的两项为期八年的国家计划的制定过程中发挥了核心作用。

泰德·马修斯（Ted Matthews）是第9章的作者，他是一名服务设计师，同时也是演讲家、培训师和研究员。他是奥斯陆建筑与设计学院服务设计专业的主席，最近完成了有关仪式和神话在设计有意义的服务体验中的潜力的博士研究。这项工作已被广泛应用于多个领域，包括职业足球、银行业务以及有意义的挪威旅游体验。

克莱尔·丹宁顿（Claire Dennington）是第10章的作者，她是一位经验丰富且广受认可的设计师，与BikBok和阿迪达斯等国内外时尚品牌合作从事设计和时尚工作多年。目前，她在奥斯陆建筑与设计学院攻读博士学位，研究领域是趋势转化——将文化趋势转化为服务体验。

封面简介

封面设计和插图由西蒙·大卫·克兰特沃斯和格雷厄姆·约翰·曼斯菲尔德（Graham John Mansfield）创作。